"아이들에게 사랑이 필요하다는 결론을 내렸습니다."

"축구는 하모니입니다.
연변과 같은 팀에서는 튀는 선수보다는
팀 내 융화가 더더욱 중요해요."

"어렵지만 분명히 희망은 있습니다.
1%라도 희망이 있다면 그걸 보고 가야 합니다.
마지막까지 포기하지 않고 싸우겠습니다."

"우리는 어쨌든 뿌리가 같잖아요.
이 친구들 기질이 있습니다.
우리 핏줄이 다르긴 달라요."

"절대 포기하지 마라! 절대 포기하지 마라!
이겨도 내 형제요, 져도 내 형제!"

"감독이 가질 수 있는 낙이 뭐 있습니까?
결국 선수들이 잘 따라 주는 게 가장 좋은 일입니다.
연변에서 정말 많은 일이 있었지만 행복한 기억이 훨씬 더 많습니다.
지금도 어려운 시즌을 보내고 있지만 행복하다고 말할 수 있죠."

"우리 선수들이 너무나 열심히 따라 주고 있고
정말 너무도 노력하고 있기에,
연변을 떠나지 못합니다.
저는 스스로, 제 손으로 우리 애들을 못 버리고 갑니다."

"저는 연변팀은 그렇게 살아야 한다고 생각해요.
정체성을 유지하면서 좋은 선수를 만들어 이적시키는 팀.
그래야 우리 팀 자생력도 생기고 선수도 오고 싶어하지 않겠습니까."

"박태하 감독님은 무엇보다 우리를 존중했어요.
박 감독님과 같은 사람과는 어떤 일도 함께할 수 있습니다."

"사실 감독님은 우리가 이렇게 감독님을 좋아하는지 모르실 겁니다.
감독님은 모르셔도 됩니다. 그냥 그 자리에 계시면 됩니다."

"박태하 감독님이 정말 큰 일을 했어요.
한국과 중국을 잇는 최고의 외교관입니다."

"박태하 감독은 선수 시절부터 실력도 실력이지만
다른 선수들을 다독이고 리드하는 모습이 멋졌어요.
매사에 진실되고 따뜻한 사람이라고 표현하고 싶습니다."

"헤어질 줄은 알았지만
이렇게 슬플지는 몰랐습니다. 너무 슬퍼요.
박태하 감독님이 타지에 와서 정말 고생이 많으셨잖아요.
최근에 얼굴을 보니 너무 힘들어 하신 것 같아서
마음이 아픕니다."

"저는 여기서 너무 많은 사랑을 받았습니다.
그 사랑을 다 갚고 싶습니다."

경기를 보며 중국 전체가 연변을 주목했을 것이다.
중국 사람들이 연변에 관심을 가질 수 있게 만든 게 보람이라면 보람이다.

- 박태하

박태하와 연변축구
4년의 기적

박태하와
연변축구
4년의 기적

우리 안의 지독한 편견
'연변'을 말하다

류청 지음

브레인스토어

차례

머리말

삶이 지겨워지고, 축구가 시시해질 때쯤에 박태하 감독과 연변 축구를 만났다. 우연히 만난 연변 축구, 처음에는 축구 자체가 지닌 뜨거움과 힘을 보여 줬다. 2015년 10월 24일 연길시 체육장에서 봤던 그 경기는 잊을 수 없다. 피에 축구가 흐르는 듯한 사람들이 박태하 감독을 절대적으로 지지하고 있었다. 다리가 불편한 어르신이 며느리가 말리는데도 펄쩍펄쩍 뛰던 모습은 여전히 뇌리에 남아 있다. 축구 때문에 한 도시 전체가 달라지는 모습은 이전에도 이후에도 본 적이 없다.

인연도 있었다. 대표팀 수석코치와 FC서울 수석코치를 맡았을 때 말 한마디도 조심했던 박태하 감독이 팀을 이끌어 기적 같은 일을 일궜고, 그 옆에는 필자가 기자 생활을 처음 시작했던 2007년에 K리그 신인상을 받았지만 이후로는 별다른 모습을 보여 주지 못했던 하태균이 부활해 있었다. 무엇보다 말이 통했다. 상대적으로 외국을 많이 돌아다니는 직업이기에 말과 소통의 중요성을 누구보다 잘 알고 있다. 연변이 오랫동안 지킨 말 덕분에 취재를 수월하게 할 수 있었고, 연변 축구와 연변 사회를 더 알고 싶었다. 단 한 번으로 끝날 줄 알았던 연변행을 계속 이어 가려고 했던 이유다.

연변을 계속 방문하고, 연변 사람들을 알아갈수록 연변 사회와 재중 동포(혹은 조선족)들의 삶과 역사가 보였다. 연변 축구는 간단한 운동이 아니었다. 연변 축구 때문에 중국뿐 아니라 전 세계에 흩어져 사는 재중 동포들 사회가 달라지기 시작했다. 축구가 그들로 하여금 잊고 있었던 고향과 민족에 대한 자각을 불러낸 것이다. 두 번의 결정적인 만남은 연변을 이해하는 데 큰 도움을 줬다. 2016년 2월 일본 가고시마에서 재일 조선족 축구 협회 회원들과 만남, 그리고 같은 해 5월 '버들버들 단톡방' 멤버들과의 만남은 생각과 이해의 폭을 넓혀 줬다.

2016년 가을에 포털 사이트 '다음'에서 '잃어버린 우리 축구 역사 찾기'로 스토리 펀딩을 진행하며 또 한 번 시야를 넓혔다. 연변 축구는 우리 축구와 떼려야 뗄 수 없는 관계라는 것을 알게 됐다. 한민족이 가장 좋아하는 시인 윤동주가 용정에서 태어나 어린 시절 축구에 매진했던 이유도, 나라를 되찾고자 세운 신흥 무관 학교가 정식 과목으로 축구를 채택했던 이유도 여기 있었다.

이후 책을 써야겠다는 생각을 어렴풋이 했다. 주된 심상이 오해와 미움인 한국과 연변 사이에서 박태하 감독이 모두가 좋아하는 축구로 역사를 쓰고 있었다. 박태하 감독과 연변 축구가 하는 더딘 다리 놓기를 기록하고 조금이라도 돕고 싶었다. 한국과 연변 사이는 책 몇 권으로도 설명할 수 없을 정도로 미묘하다. 경제나 문화 그리고 사회로 접근하긴 어려워도 축구라면 모두가 조금은 쉽게 서로를 이해할 수도 있다고 생각했다. 그런 의도가 제대로 결실을 얻지 못하더라도 박태하 감독과 연변이 보낸 거짓말 같은 4년을 기록하는 것도 의미 있다고 봤다.

책 내용을 두고 고민이 많았다. 연변 축구와 함께 연변 사회상을 더 보여 주고 싶은 욕심이 컸다. 오해를 단번에 바꿔줄 수 있는 게 무얼까 고심도 했었다. 욕심이었다. 박태하 감독과 연변 축구 그리고 연변에서 만난 사람들 이야기를 담담하게 하는 게 가장 낫겠다는 결론에 다다랐다. 필자의 주관적인 생각이 많이 들어갈수록 독자들이 연변 축구와 연변 사회가 지닌 진짜 모습을 이해하기 어려울 수도 있었다. 최대한 그대로 보여 주는 게 더 많은 공감을 불러올 수도 있겠다고 생각했다.

이 책은 박태하 감독과 연변 축구에 관한 책이면서 동시에 연변 사회에 관한 책이기도 하다. 박태하 감독이 2015년 연변에 처음

발을 디딘 후 2018년까지 함께한 발자국을 따라가다 보면 연변을
좀 더 이해할 수 있을 것이다. 가장 좋아하는 문장으로 첫 장을 닫
으려고 한다. 우리는 모두 이민자다. 우리 민족도 언제나 그랬다.

1장 ———

연변을 알다
박태하를 만나

연변으로 가는 문을 열다

새로운 세계로 가는 문은 예기치 못한 순간에 예상치 못한
일로 열리기도 한다. 30년 넘게 한국에 살면서 단 한 번도 진지
하게 생각하지 않았던, 심지어는 좋아하거나 미워할 일도 없었
던 연변 조선족 자치주로 난 문은 계획에 없는 통화에서 열렸다.
2015년 여름, 박태하가 연변장백산팀 지휘봉을 잡고 2015시즌
중국 갑급리그에서 무패 행진을 달리고 있었기에 관심을 가질 수
밖에 없었다. 그와는 필자가 기자 초년병이었을 때, 국가대표팀
수석코치와 FC서울 수석코치로 만났었다. 고민 끝에 기자라는 직
업의 쓴맛을 보는 편을 택했다. 거의 2년 동안 전화 한 통화도 하
지 않았던 사람에게 전화해서 인터뷰를 요청해야 했던 것이다. 수

소문 끝에 중국 전화번호를 알아내 부끄러움을 무릅쓰고 전화를
했다. "여보세요. 박태하 감독님이시죠. 류청 기자입니다."라고
말하자 전혀 기대하지 않았던 대답이 돌아왔다.

"아이고. 보고 싶은 사람아, 왜 이리 오랜만에 전화했나?"

기대하지 않았던 환대 때문에 마음이 녹았다. 이제야 하는 말
이지만, 박 감독이 "이게 누구야?"라며 조금만 차갑게 말했더라
면 감히 연변으로 가는 문을 열 생각을 하지 못했을 것이다. 가장
궁금했던 것은 타지에서 잘 사느냐였다. 당시만 해도 연변에 대
해 전혀 몰랐기 때문에 음식이 가장 문제가 될 것이라 생각했다.
"식사는 잘 하세요?"라는 질문에 다시 한 번 전혀 예상하지 못
했던 답이 돌아왔다. "류 기자, 여기가 훨씬 더 맛있어요. 여기는
음식이 다 한식이에요. 다음에 한 번 와서 먹어 봐요."이 대답을
듣고도 또 한번 어리석은 질문을 던졌다. "위험하지는 않나요?"
어렴풋이 들었던 치안 문제를 꺼낸 것이다. 박 감독은 다시 한 번
웃었다. "여기는 전혀 안 위험합니다. 한국 사람들이 연변에 대
해서 나쁜 이야기를 많이 하죠? 그런데 막상 와서 살아 보니 여
기 사람들 참 순수해요. 이상한 소문이 많은 것은 알고 있습니다.
그런데, 어디에나 나쁜 사람이 있잖아요. 나중에 꼭 한 번 와봐

요. 참 좋아요."

거기서 끝이 아니었다. 박 감독과 통화할수록 궁금증은 더해 갔다. 박 감독은 성적이 수직으로 상승한 이유를 설명하면서 관심과 사랑을 이야기했다. 고등학교 팀도 아닌데 선수들을 보듬어 주면 성적이 올라간다는 게 바로 이해가 되지는 않았다. 언어 소통도 가지고 있던 생각과는 조금 달랐다. 연변에서 한국어로 소통이 가능하다고 알고는 있었지만, 서로 마음을 확인할 수 있는 정도일 줄은 몰랐다. "통역이 선수와 감독 사이에 끼게 되면 뜻을 100% 전달하기가 어려워요. 말이 통하니까 선수들의 의지를 끌어내기가 상대적으로 쉬웠어요. 그리고 우리는 어쨌든 뿌리가 같잖아요. 이 친구들 기질이 있어요. 우리 피가 다르긴 달라요." 박 감독이 마지막 부분에 한 말은 깊은 여운을 남겼다. 뿌리가 같다니. 깊게 고민해 보지 않은 주제였기 때문이다.

박 감독과 처음으로 통화를 한 뒤 연변장백산팀과 연변에 대한 궁금증은 더 커졌다. 어렴풋이 존재만 알고 있던 것에 대한 막연한 호기심과 잘못 알고 있었던 것을 바로잡고 싶은 갈증이 공존했다. 우리말을 쓰면서 간도에 살고 있는 재중 동포 혹은 조선족, 그리고 2014년에 2부 리그 꼴찌를 하다가 박 감독을 만난 2016년에 갑자기 21경기 무패를 달린 연변장백산팀 선수들을 보고 싶었다. 2007년 처음으로 기자 생활을 시작했을 때 K리그 신인상을 받았던 하태균이 그 유니폼을 입고 뛰고 있었기에 보고 싶은 마음은 더 커졌다.

대전, 박태하가 연길에 가기 전 머문 정차역

2015년 9월, 연변장백산팀과 박 감독이 한국에 왔다. 대전에서 대전시티즌과 친선경기를 하기 위해서였다. KTX를 타고 대전으로 가면서 의구심이 조금 들었다. 직업병 같은 거라고 할까. 박 감독과 연변은 너무 동화 같은 일을 벌이고 있었는데, 그 일을 만든 방식도 기존과는 달랐다. 무언가 숨겨진 게 있을 수도 있다고 생각했다. 이런저런 생각을 하다 기차 안에서 대전시티즌에서 유소년 지도자로 일했던 한 후배에게 안부를 물으려 전화를 걸었다. 후배에게 "박 감독 만나러 대전 가는 길이다."라고 말했다가 흥미로운 이야기를 들었다.

"형, 박태하 감독님이 연변으로 가기 전에 대전에서 중학생들 가르친 거 알아?"

기자 초년 시절에 만난 30년 경력을 지닌 편집 주간은 "누군가 생각나면 전화를 걸어라. 그러면 의외의 이야기를 들을 수도 있다."라고 조언했었다. 바로 이 상황이었다. 사실 조금 놀랐다. 박 감독과 몇 차례 인터뷰와 대화를 하면서도 듣지 못했던 이야기였 기 때문이다. 박 감독이 국가 대표팀 수석 코치를 거쳐 FC서울 수 석 코치를 하다가 대전으로 내려가 직접 봉고차를 몰면서 중학생 선수들을 가르쳤다는 것이다. 이해가 되지 않았다. 국가 대표팀과 프로팀을 지도했던 젊은 지도자가 중학생을 가르쳤다는 이야기는 들어 본 적이 없었다. 영화 〈베테랑〉의 주인공 형사(황정민)가 외 치지 않나. "우리가 돈이 없지 가오가 없나." 축구인들도 대개 이런 생각을 가지고 있다. 놀란 건 놀란 것이고 내친 김에 한 마 디 더 물었다. 박 감독이 아이들을 성의 있게 가르쳤느냐고 말이 다. 후배는 "박 감독은 후배인 우리한테도 절대 하대하지 않았어. 연변으로 갈 때도 학부모들이 다 아쉬워하며 울 정도였다고 들었 어."라고 답했다.

"그래요. 여기서 내가 직접 봉고차도 몰고, 운동장도 빌리고 그 랬습니다. 대전과 친선 경기를 끝내고 그때 지도했던 학생들 학부 모들도 만나기로 했어요."

몇 시간 뒤에 마주 앉은 박 감독은 웃으며 고개를 끄덕였다. 박 감독은 전남 목포와 대전에서 '허정무·거스히딩크 축구 재단' 소속 지도자로 중학생들을 가르쳤다고 했다. 포항스틸러스가 가장 사랑하는 영웅, 축구 선수로는 처음이자 마지막으로 이동 통신사 (017) 광고를 찍었던 선수, 국가 대표팀 코치로 '2010 남아프리카 공화국 월드컵'에서 첫 원정 16강을 이룬 이가 바로 박 감독이다. 화려한 시절을 보냈던 박 감독은 대전에서 모든 욕심을 내려놓고 아이들을 가르치면서 많은 것을 배웠다고 말했다.

"대표팀도 해보고 FC서울도 해봤는데, 제가 별다른 능력이 없다는 것을 깨달았어요. 제가 원하는 팀을 선택할 수 있는 능력이 없었다고 해야 하나요. 그래서 물 흐르는 대로 살려고 했습니다. 물론 가끔 아이들을 가르치면서 '내가 여기서 뭐하고 있나.'라는 생각이 들었던 것도 사실이에요. 하지만, 아이들이 제가 가르친 부분을 기억하고 변화하는 것을 보면서 정말 많은 것을 느꼈습니다. 그리고 깨달았어요. 무엇을 했느냐가 중요한 게 아니라 지금 무엇을 하고 있느냐가 중요하다고요. 아이들을 가르치는 게 가치 있는 일이라는 걸 알게 됐습니다."

이후에 후속 취재를 하면서 알게 된 사실이 있다. 박 감독과 오래 인연을 맺은 이들은 하나같이 그를 "의리의 사나이"라고 부른다. 박 감독이 선수로 뛸 때부터 지켜 본 팬인 한혜진씨는 박 감독은 뭔가 남달랐다고 기억한다. 한씨는 "박 감독님은 선물을 들고 간 팬에게 '그 선물을 부모님께 갖다 드리라'고 말하던 분이었습니다."며 "아직도 박 감독을 언급하면 눈물을 흘리는 팬이 많아요."라고 말했다. 박 감독의 오랜 팬인 국승하씨는 아직도 K리그 올스타팀 숙소였던 서울 명동의 타워 호텔에서 박 감독을 만났던 것을 잊지 못한다. 국씨가 올스타전 경기 응원을 위해 포항 스틸러스 서포터즈 유니폼을 입고 있는 걸 본 박 감독은 "밥은 먹었니?"라고 말을 건넸다. 그리고 멀리까지 찾아와 줘서 고맙다며 밥을 사줬다. 국씨와 박 감독의 인연이 시작된 계기다.

박 감독이 대전에서 유소년 코치를 하고 있을 때 국씨가 "형님은 더 좋은 곳에서 지도하셔야 하는 거 아니냐."고 말했더니, "그건 네 욕심이지. 나는 여기서 잘 지내고 있다."라는 답이 돌아왔다.

"박 감독은 선수 시절부터 실력도 실력이지만 다른 선수들을 다독이고 리드하는 모습이 멋졌어요. 한마디로 표현하기는 어렵지만, 매사에 진실되고 따뜻한 사람이라고 표현하고 싶습니다."

박태하는 이상한 한국 사람

대전으로 가는 짧은 길에 예상치 못한 이야기를 들으니 연변이 더 궁금해졌다. 대전에 있는 한 호텔에서 연변 선수들을 처음으로 봤다. 눈으로 다른 점을 찾으려고 했으나 좀처럼 찾을 수 없었다. 쓰는 말이 조금 억세게 들렸을 뿐이다. 박성웅 연변장백산팀 단장과 김룡 길림신문 기자를 만난 것은 일종의 충격이었다. 박 감독에게 취재하려고 두 사람을 만나게 해달라면서도 이렇게 물었던 것 같다.

"한국말로 해도 되나요?"

물론 쓸데없는 질문이었다. 두 사람은 필자가 한 번도 느끼지 못했던 타자로서의 한국 모습을 한국어(혹은 조선어)로 이야기해 줬다. 두 사람은 박 감독을 존중한다고 말하며 입을 모아 "우리가 싫어하는 한국인의 특징을 하나도 가지고 있지 않습니다."라고 말했다. 김룡 기자는 "박 감독은 이상해요."라는 말을 덧붙이기도 했다. 그제서야 한국과 연변 사이에 있는 간극을 조금이나마 짐작할 수 있었다. 물론 그 차이 때문에 두만강 북쪽에 있는 연변으로 가는 문을 열고 싶은 마음이 더 강해졌다. 김룡 기자가 10월에 연변을 방문할 예정이라는 필자에게 조언을 했다.

"연변은 10월에 정말 추워요. 꼭 솜옷을 입고 오세요."

'솜옷'이라는 오래된 단어보다 날씨가 춥다는 말에 더 웃음이 났다. 10월 말인데, 아무리 두만강 북쪽이라도 추우면 얼마나 추울까 싶었다. 오산이었다. 그해 10월, 연길 공항에서 밖으로 나가는 자동문이 열리는 순간, 한기가 몰려왔다. 한겨울의 추위는 아니었지만 한국과 같은 옷차림으로는 어림없는 아침 기온이었다. 생각해 보니 웃음이 나왔다. 연변과 우리의 거리가 이와 같지 않을까 생각했다. 우리는 다 알고 있다고 생각하지만, 이해의 거의 대부분이 오해인 곳. 멀지만 가깝고, 가까우면서도 먼 곳. 직선 비행거리로는 1시간도 안 돼 도착할 수 있는 곳이지만, 돌고 돌아(북한 영공을 통과할 수 없어) 2시간 반에야 겨우 다다를 수 있는 곳이 연변이었다. 공항에서 만난 박 감독은 솜옷을 입고 있었다.

연변의 아픔을 품은 박태하

연변에 도착한 뒤 경기장 근처에도 가지 않았으나 연변의 축구열기를 느낄 수 있었다. 날씨는 추워도 축구 열기는 식지 않았다. 호텔 커피숍에서도 박 감독을 알아보고 악수를 요청하는 팬이 있었고, 식당의 조선족 직원은 "보러 간다고 해놓고 한 번도 축구장에 못 가서 죄송합니다. 24일 경기(홈 마지막 경기, 이기면 우승)에는 가려고 했는데 근무입니다."라며 아쉬움에 고개를 떨궜다. 카

▲박성웅 단장

운터에서는 박 감독에게 사인을 3개나 요청했다. 지난 시즌 꼴찌였던 연변을 우승 직전까지 몰고 갔으니 당연한 대접이다 싶었다.

성적은 양은냄비와 같다. 당장은 불타오를지라도 조금이라도 삐걱거리면 차가워지는 게 성적에 기댄 열광이다. 그런데 박 감독을 대하는 연변 팬들, 특히 조선족들의 태도는 성적을 향한 것만은 아니었다. 연변에서 만난 축구 협회 관계자, 구단 직원, 선수 그리고 팬들 모두 박 감독의 지도력과 함께 인성을 칭찬했다. 훈련장에서 만난 팬 박미화 씨는 "너무 자상하시다."라고 했고, 박성웅 단장은 "능력도 능력이지만 사람 됨됨이가 정말 좋습니다. 항상 겸손하고 성적이 좋아도 자신을 낮춥니다. 다만 조선 남자가 돼서 술을 잘 안 먹습니다. 맛있는 것만 좋아하세요."라며 웃었다.

"선수들이 박 감독을 부모님처럼 따릅니다." 박성웅 단장은 수차례 이렇게 말했다. 감독이 좋은 성적을 거뒀을 때 관용어구처럼 따라다니는 표현이었기에 사실 별다른 의미를 두지 않았는데, 막상 현지에서 박 감독의 주위를 배회하니 그 말의 의미가 와 닿았다. 박 감독이 부임하자마자 가장 먼저 한 일이 선수들의 가정환경 조사였다. 박 감독은 가장 처음 만났을 때 "선수들의 성장 환경을 보고 가슴이 찡했습니다."라며 "아이들에게 사랑이 필요하다는 결론을 내렸습니다."라고 말했었다.

"팀에 가서 선수들을 파악하려고 가정 환경을 조사하다가 가슴이 찡했어요. 이 선수들 중에서 부모와 같이 유년 시절을 보낸 선수는 2~30%뿐입니다. 부모들이 돈을 벌기 위해서 한국, 러시아, 미국 등으로 나가는 일이 많아서 사랑을 받지 못하고 큰 것이죠. 조부모와 지내면 그나마 다행인 편입니다. 혼자 지낸 아이들도 많았어요. 정답은 아니지만, 이 친구들에게 사랑이 필요하다는 결론을 내렸습니다. 보듬어 주고, 이야기를 많이 하려고 했어요."

▲2015년 프로필 사진 촬영 모습

신파극에 나올 법한 이야기가 아니다. 연변은 특별한 환경을 가지고 있다. 1993년만해도 연변의 GDP는 중국 내 30개 민족 자치주에서 1위를 차지했으나 1998년에는 5위로 떨어졌다. 중국은 1990년대부터 공업화를 추진했다. 연변은 농업에 기반을 두고 있었기에 이 흐름에서 뒤처질 수밖에 없었다. 그래서 이 시기부터 돈을 벌기 위해 많은 이들이 한국과 일본 그리고 해외 각지로 나갔다. 이는 한국에 조선족들이 들어왔던 시점과 일치한다.

팀의 최연장자인 골키퍼 윤광(1983년생)과 나눈 이야기가 기억에 남았다. 윤광과 대화하며 그와 비슷한 시기에 태어난 선수들의 상황을 어느 정도 짐작할 수 있었다. 윤광은 "저희가 어릴 때는 돈 없으면 축구를 할 수가 없었어요. 어머니와 아버지가 한국에서 막노동을 20년 가까이 하셨습니다. 아버지께서는 2012년에 귀국하셔서 2014년에 돌아가셨습니다. 그래도 제가 출세해서 기뻐하셨죠."라고 말했다. 윤광 어머니는 2015년 취재할 당시에는 양꼬치 집을 운영했었고, 현재는 가게를 팔았다.

박 감독은 상처가 많은 선수들을 보듬었고, 연변 축구와 조선족의 자존심을 세워 줬다. 박 감독은 지시하기에 앞서 선수들에게 기본적인 조건을 만들어 주기 위해 노력했다. 전지훈련을 떠나기 전날 지난 시즌 월급이 6달이나 밀린 것을 알게 된 박 감독은 박성웅 단장을 만나 "여력이 된다면 빨리 해결해 주십시오. 그래야 제가 선수들에게 할 말이 생깁니다."라고 말했고, 선수들에게는 "내가 그 문제를 해결할 테니 너희들은 축구만 잘하면 된다."라고 설명했다. 구단은 밀린 임금을 3일만에 지급하며 박 감독에게 힘을 실어 줬고, 박 감독은 선수들에게 신뢰를 얻었다.

하태균을 비롯한 선수들은 신뢰 속에서 다시 태어났다

연변팀을 취재하다 행운도 만났다. 연변 사회를 들썩이게 한 박 감독이 있어 외부 취재는 상대적으로 쉬웠지만, 선수단 안에서 일어난 내밀한 일은 알기 어려웠다. 이 와중에 2007년부터 알고 지냈던 한 사람을 만났다. 기자 초년병 시절이었던 2007년 FC서울 분석관으로 처음 만났었던 김혁중 씨가 연변에서 일하고 있었던 것이다. 김 분석관은 도와 달라는 부탁에 "저는 아무것도 모릅니다. 감독님께 여쭤 보세요"라며 손사래를 쳤으나 이내 자신이 보고 들은 것들을 털어놨다.

김 분석관 이야기를 들으면서 박 감독이 말한 '사랑'의 정체를 어느 정도 짐작할 수 있었다. 박 감독은 지난 시즌 꼴찌에 머물렀던 선수들을 상대로 엄한 방법을 쓰지 않았다고 했다. 물론 프로답지 못한 생활에 대해서만은 칼을 들었다. 이 과정에서 선을 넘은 선수 몇 명을 내보내기도 했지만, 선수단 분위기는 나빠지지 않았다. 그러나 보강 인원이 적었기 때문에 갑급리그 꼴찌였던 2014시즌과 80% 정도 같은 선수를 써야 했다. 이런 상황에서 박 감독은 선수들 마음을 움직여 완전히 반대되는 결과를 이끌어 냈다.

"박 감독은 '하지마.'라는 주문을 거의 하지 않습니다. 선수들에게 '이렇게 하자.'라는 주문만 하세요. 지난해 12월, 한국 거제도 전지훈련에 참가했을 때만 해도 이런 성적을 거둘 거라고 전혀 예상하지 못했습니다. 한국 내셔널리그(3부 리그 격) 팀과 연습 경

▲2015년 1월 20일, 연변팀 부임 후 첫 훈련

기를 하는데 정말 '팽팽 돌아가(완벽하게 밀리다)'더라고요. 감독님이 (연변이) 분명히 프로팀이라고 했는데, 믿지 못할 정도였어요. 감독님은 그런데도 선수들을 다그치지 않으시더라고요. 감독님이 추구하는 축구와 그 기준이 얼마나 높은지 알고 있기에 더 놀라웠습니다. 감독님은 그 기준을 내려 놓고 선수들 눈높이에서 설명하고 지시하셨습니다. 큰 소리도 거의 내지 않으셨어요. 쉬는 문제도 그래요. 여기는 선수가 쉬면 안 된다고 생각하는 분위기예요. 감독님은 쉬는 것도 훈련이라며 단장님을 설득했어요. 선수들에게는 '내가 훈련을 오래 안 시킨다고 불안해 하지 말아라. 경기장에서 다 보여 주면 된다.'라고 설명했습니다. 그렇게 시즌이 시작한 뒤에는 선수들이 변하는 걸 봤습니다."(김혁중 분석관)

선수들은 변화를 몸으로 느끼고 있다. 뿌듯해 하면서 자신들도 놀랄 정도다. 사실 조선족 선수들은 예전부터 '한족보다 조선족이 패스를 잘한다.'는 자부심을 가지고 있었다. 그런데 오랫동안 실력을 제대로 발휘하지 못해 자존심이 상해 있었다. 팀의 최고참인 골키퍼 윤광은 "팀이 단합되고 하나가 되면서 좋은 실력이 나오고 있습니다."라고 했다. 경기 전 훈련을 본 필자가 "생각보다 선수들이 잘하네요."라고 말하자 박감독은 웃으며 이렇게 말했다.

"경기 날 한 번 봐요. 이 친구들 기질이 있습니다. 우리 핏줄이 다르긴 달라요."

연변의 기적은 기적적인 방법으로 만들어지지 않았다. 박 감독은 연변에 오자마자 선수들의 밀린 임금을 해결했고 이어 손을 댄 부분은 식사시간이었다. 박 감독은 선수들이 밥을 제대로 먹지 않는 것에 주목했다. 영양 관리가 중요한데 그런 문화가 없는 실정이었다. 게다가 선수들이 밥을 먹으면서 동료들과 이야기를 나누지 않는 것도 문제라 생각하고 고치려 했다.

박 감독은 구단에 두 가지를 더 요청했다. 하나는 원정 숙소였다. 박 감독은 구단 재정이 허락하는 선에서 가장 좋은 호텔을 잡아 달라고 부탁했다. 중국은 땅이 크기 때문에 이틀 전에 원정을 떠난다. 구단은 박 감독의 요구를 바로 수용했다. 다른 하나는 임금과 수당을 밀리지 않게 지급해 달라는 것이다. "돈을 주더라도 제때 줘야 선수들에게 동기부여를 제대로 할 수 있습니다."라고 구단을 설득했다.

선수들은 뛸 수 있는 환경을 만들어 주고 따뜻하게 자신들을 이끌어 준 박 감독을 믿기 시작했다. 이후에는 자신들이 지닌 실력까지 믿게 됐다. 이런 선순환 속에서 연변은 점점 강해졌고, 우승 직전까지 갈 수 있었다. 김 분석관은 "저희가 골도 많이 넣긴 했지만, 수비를 잘해서 더 좋은 성적을 낼 수 있었어요."라고 설명했다. "마치 한국팀들이 K리그에서 하는 축구와 비슷하다고 할까요? 여기서는 그런 축구를 할 수 있는 팀이 없습니다. 많이 뛰면서 조직적으로 수비하는 팀이 많지 않아요. 여기 선수들은 감독님이 지시하면 그대로 하려고 엄청나게 노력합니다. 감독님이 30cm만 더 상대에게 다가가면 상대가 어려워 한다고 하니 정말 그렇게 하더라고요. 그러니 성적이 나올 수밖에 없죠."

2015년 연변팀 유니폼을 입고 중국 갑급리그 득점왕과 MVP

▲하태균 선수

를 모두 차지한 하태균은 박 감독을 잘 보여 주는 거울 중 하나다. 그는 2007년 수원삼성에서 프로 무대에 데뷔해 신인왕을 차지했 지만, 이후에는 좀처럼 빛을 보지 못했다. 8시즌 동안 30골을 넣 는데 그쳤던 하태균은 2015년에만 26골을 넣었다. 하태균은 연변 에서 박 감독과 함께 다시 태어났다. 그는 반등할 수 있었던 이유 를 묻자 "결국 마음의 문제인 것 같습니다."라며 말문을 열었다.

"한국에서는 이렇게 편안한 기회가 주어지지 않았어요. 박 감독님은 경기하기 전에도 많은 주문보다는 하고 싶은 대로 편하게 하라고 하십니다. 그렇게 기회가 주어졌을 때 골을 넣으면서 자신감을 얻었고, 마인드가 바뀌었습니다. 한 골에 만족하지 않고 더 넣고 싶다는 욕심으로 끝까지 노력한 결과 많은 골이 나왔던 것 같아요. 경기하면서 감독님을 의지하게 됐습니다. 가끔 한 말씀씩 해주시는데 그게 마음에 와 닿았거든요. 마음을 다잡는데 정말 큰 도움이 됐습니다. 한 시즌 동안 감독님의 인성과 선수들을 다독이는 모습을 보며 많은 것을 느꼈습니다. 선수들이 원래 능력을 갖추고 있었고, 감독님이 그걸 100% 꺼내 주신 것이라고 생각해요."

하태균은 동료들이 어떻게 변했는지도 증언했다. 감독이 지시한 부분을 선수들이 이행했고, 그 결과 좋은 성적이 나오자 더 믿게 되는 선순환 구조가 생겼다는 것이다. 믿음은 더 큰 믿음을 부르기 마련이다. "골을 안 내주면 1골만 넣어도 이겨요. 여기 선수들이 끈질긴 게 있습니다. 감독님이 지시하면 끝까지 물어뜯는 게 있어요. 감독님도 매 라운드 똑같은 말씀을 하셨습니다. '한 발이라도 앞에 나가야 상대가 볼을 못 찬다'고요. 감독님이 말씀한 게 경기장에서 나타나니까 선수들이 믿음을 갖게 됐어요. 분석관 혁중이 형이 경기가 끝나면 선수 개개인이 볼 수 있도록 비디오를

▲2015년 갑급리그 홈 마지막 경기 전 훈련

편집해서 주는데, 선수들이 전부 이동하면서 그걸 보고 있어요. 선수들이 발전하고 싶어서 노력한 결과가 나타나고 있습니다."

　연변 취재가 계속될수록 박 감독이 무엇보다 연변 선수들과 연변 사람들의 마음을 제대로 얻었다는 것을 알 수 있었다. 축구계에는 '결정력은 비싸다.'는 말이 있다. 그 결정력보다 비싼 게 마음이다. 박 감독은 결정력보다 비싼 마음을 얻으며 드라마를 만들 수 있었다. 물론 박 감독은 "결과가 좋아서 그렇지 이게 정답은 아닙니다."라고 손사래를 쳤다.

경기장에서 목격한 기적, 우승

연변에 도착해 이틀 간 취재를 하자 그날이 왔다. 2015년 10월 24일, 연변팀은 2015시즌 중국 갑급리그(2부 리그) 홈 마지막 경기, 29라운드에서 후난시앙타오팀을 잡기만 하면 자력으로 우승할 수 있었다. 후난팀은 강등권에서 어려운 싸움을 하고 있었기에 연변팀이 우승할 가능성은 매우 컸다. 하지만, 막상 경기가 다가오니 긴장감이 커졌다. 경기 전 만난 연변 사람들은 거의 공통적으로 두 가지 질문을 던졌다.

"우리가 우승하겠죠?"
"박 감독님은 팀에 남으시나요?"

두 가지 모두 대답할 수 없었기에 필자가 지닌 긴장감도 커졌다. 지난 시즌 꼴찌가 우승을 차지하는 드라마를 두 눈으로 보고 싶은 게 컸다. 회사에는 분명히 우승한다고 장담을 하고 영상 기자까지 대동했었기에 눈치도 조금 보였다. 무엇보다 이틀 동안 연변을 취재하며 이 사람들이 지닌 열망을 봤기에 우승을 차지했으면 좋겠다고 생각했다. 승격은 확정 지었지만, 승격과 우승은 엄연히 다른 층위에 있다.

경기장에서 두 가지에 놀랐다. 경기 시작에 앞서 장내 아나운서가 한국어(조선어)로 경기 소개를 하는 게 아닌가. 중국에서 "2015 중국 갑급리그 경기를 시작합니다."라는 말을 들을 줄은 몰랐다. 연변에 도착해 취재를 하며 만나는 모든 사람들과 외국어가 아닌 모국어로 대화를 나눌 수 있다는 데 놀랐었기에 장내 방송에 다시 한 번 고개를 돌렸다.

본부석에 앉아 반대편 관중석을 보다 다시 한 번 눈을 의심했다. 한국어와 중국어 그리고 영어가 함께 들어간 거대한 현수막이 올라갔다. 서포터들이 'THANK YOU 연변인민의 영웅 박태하'라고 적힌 걸개를 들어올리자 가슴이 조금 찡했다. 1년 전까지도 승합차를 몰고 중학생 선수들을 가르치던 젊은 지도자가 타지에서 마음을 얻어 영웅이라는 칭호를 얻기란 얼마나 어려운 일인가. 영웅, 일방적인 관계에서 나오기 어려운 단어다. 마음을 얻은 이도, 마음을 연 이도 뭔가 특별해 보였다.

경기는 격렬했다. 강등을 면하려는 후난팀이 강하게 연변팀을 압박했다. 연변팀은 위기를 맞기도 했다. 위기를 넘기고 다시 흐름을 잡을 때쯤이었던 것 같다. 귀에 익은 노래가 나왔다. 귀를 의심할 수밖에 없는 노래였다. 〈아리랑〉이었다. 경기장을 찾은 이 중에는 조선족만 있는 게 아니었다. 한족들도 〈아리랑〉을 따라 불렀다.

▲2015년 10월 24일, 갑급리그 홈 마지막 경기

"아리랑 아리랑 아라리요. 아리랑 고개를 넘어간다. 나를 버리고 가시는 님은 십 리도 못 가서 발병 난다~"

연변과 조선족이 이 땅에 얼마나 깊게 뿌리 내렸는지 알 수 있는 상황이었다. 〈아리랑〉을 부를 수는 있어도 경기장에서 응원가로 〈아리랑〉을 부르리라고는 상상도 하지 못했다. 게다가 한족들도 같이 부르고 있었다. 나중에 김룡 기자에게 물으니 "아리랑은 배우기 쉬운 노래 아니잖아요. 한족 팬들도 연변 팀을 이해하고 좋아한다는 증거예요."라고 말했다. 김롱 기자 말은 과장이 아니다. 조선족 서포터에도 조선족과 한족이 섞여 있다. 한 조직의 회장인 김미화 씨는 "한족들도 응원은 모두 우리말로 합니다."라고 했다.

후반전이 시작되자 연변팀이 분위기를 잡았다. 그 중심에는 하태균이 있었다. 그는 밀리는 상황에서 동료가 파울을 당하자 상대 선수를 밀치며 강하게 항의했다. 하태균은 원래 그런 공격적인 모습을 보여 주는 선수가 아니었다. 나중에 물으니 "동료 선수들과 사이가 정말 좋아요. (상대 선수를) 밀었던 것은 어필을 하려고 했던 거예요. 우리 선수들한테도 파이팅 넘치는 모습을 보여 주고 싶었습니다. 우리도 이겨야 홈에서 축제를 할 수 있는데, 저들이 강하게 나오면서 기에서 밀린다고 느꼈거든요."라고 답했다.

분위기 전환을 이끈 하태균은 후반 초반 상대 수비의 작은 실책을 놓치지 않고 선제골을 터뜨렸다. 하태균은 골을 넣고 다른 선수들과 함께 벤치로 달려갔다. 모든 선수들과 코칭스태프가 얼싸안았다. 팬들은 환호했다. 나이가 지긋한 어르신들도 폴짝폴짝 뛰었다. 이후 경기는 일방적으로 흘렀다. 연변의 기세에 후난은 꼬리를 내렸다. 하태균은 자신이 얻어낸 페널티 킥으로 추가골을 넣었다.

이 과정에서 재미있는 일이 하나 더 있었다. 하태균은 다른 팀

▲2015년 10월 24일, 갑급리그 홈 마지막 경기 우승 후

선수와 득점왕 경쟁을 하고 있었다. 해당 선수가 이날 경기에 결
장했기에 하태균이 2골 이상 넣으면 득점왕을 확정 지을 수 있었
다. 페널티 킥을 얻자 경기장 경비를 하던 공안들도 "태균이가 차
라!"며 소리를 질렀다. 결국 하태균이 키커로 나서서 골을 넣자
기자와 공안들이 얼싸안고 좋아했다. 그 순간만큼은 연변 경기장
안 팬과 기자 그리고 공안의 심리적 벽은 존재하지 않았다. 하태
균은 결국 해트트릭까지 달성했다. 하태균이 해트트릭을 완성하
자 경기장은 달아 올랐다.

추운 날씨에도 경기장에는 연세가 지긋한 분들도 많았다. 다리를 살짝 저는 할머니는 며느리의 만류에도 서서 박수를 쳤다. 앉을 의자가 없는 이들은 차가운 콘크리트 바닥에 앉아서 응원했다. 체감 기온이 영하를 밑도는 추위는 응원에 장애가 되지 않았다. 마지막 휘슬이 울리자 관중석에서도 나름의 축제가 벌어졌다. 한 할아버지는 이리저리 돌아다니며 다른 이들과 하이파이브를 했다.

과하다는 생각은 들지 않았다. 꼴찌가 1년 만에 우승을 차지하는 기적을 직접 본 이들이 어떻게 차분할 수 있을까. 연변은 1965년 전중국 축구 대회에서 우승한 뒤 50년 만에 우승을 경험했다. 당시 아이였거나 청년이었을 할아버지, 할머니들은 감동할 수밖에 없었을 것이다. 한국 잔치에서나 볼 법한 사물놀이패가 경기장을 빙글빙글 돌고, 선수들은 걸개를 들고 경기장을 돌았다. 하태균은 태극기를 몸에 감고 팬들에게 인사했다. 팬들은 경기가 끝난 후 축하 행사가 벌어지는 동안에도 자리를 뜨지 않았다.

큰절하는 기자, 눈물 훔친 기자

기적 같은 우승을 눈앞에서 보면서도 연변 팬들의 불안감은 아직 다 사라지지 않았다. 모두가 기뻐하는 가운데 박 감독만 굳은 표정을 하고 있었기 때문이었다. 사물놀이패가 경기장을 빙빙 돌며 축하 공연을 하는 동안에도 박 감독은 표정을 풀지 않았다. 박 감독은 1년 계약을 맺고 연변을 지도했다. 계약 만기가 다 되어가는 시점에서, 경기 전날까지도 재계약 여부를 누구에게도 말하지 않았다. 필자가 아무리 물어도 "아직 결정을 못했다."라는 대답만 했다. 팬들이 불안해할 수밖에 없었다. 박 감독 가족들이 귀국을 바란다는 소문도 돌아다녔다.

그런 팬들의 마음을 아는지 모르는지 박 감독은 경기장을 가로질러 기자회견장이 있는 경기장 안쪽으로 향했다. 기자회견을 하러 들어오는 박 감독을 향해 사진기자들이 몰려 들었다. 그런데 한 기자가 카메라를 땅에 놓더니 박 감독에게 큰절을 했다. 예상치 못한 일이었다. 박 감독도 깜짝 놀라서 그 자리에 멈췄다. 그런 일이 있었는데도 불구하고, 공식 기자회견 분위기는 침착했다. 박 감독이 여전히 웃음을 보이지 않았기 때문이었다.

"제 거취에 대해 말씀 드리겠습니다." 인터뷰가 거의 끝날 때쯤에 박 감독이 천천히 입을 열자 기자회견장에는 긴장감이 흘렀다. 정적을 깬 이는 박 감독이었다. "사실 시즌 중에 많은 팀에서 제의가 있었습니다. 고민도 했습니다. 결정은 했는데 시즌이 끝나지 않아 말씀 드리지 못했습니다. 저는 여기서 너무 많은 사랑을 받았습니다. 연변을 떠날 수 없습니다." 박 감독의 말이 끝나자마자 박수가 터졌다. 박 감독의 말을 알아 들은 기자들이 박수를 친 것

▲우승 확정 후 기자회견

이다. 통역이 박 감독의 말을 중국어로 옮기자 다시 한 번 박수가
나왔다. 옆에 앉아 있던 박성웅 단장이 박 감독과 2년 계약을 맺
었다고 설명하자 또 한 번 박수가 나왔다.

기자회견장에 있던 한 기자는 눈물을 흘렸다. 나이가 지긋한 남
자 기자는 박 감독의 잔류선언에 눈시울을 붉히더니 이내 뒤로 나
가서 눈물을 닦았다. 박 감독은 2000년 강등된 이후로 단 한 번도
슈퍼리그(1부 리그)에 오르지 못한 연변을 우승으로 이끌었다. 연
변에서 자란 팬과 기자들은 연변의 우승이 어떤 의미인지 가슴으
로 느끼고 있었다. 한 기자의 눈물과 다른 한 기자의 큰절은 박 감

독이 연변에서 보낸 1년을 보여 주는 상징 같은 것이었다.

우승 축하연 자리에서 박 감독에게 "언제 재계약을 결정했습니까?"라고 묻자 웃음이 돌아왔다. "사실 어제 재계약에 사인을 했습니다. 사람들을 놀라게 해주려고 연기를 좀 했습니다. 조건도 따지지 않겠다고 말했어요. 물론 구단이 들고 온 조건도 괜찮았지만요. 무엇보다 이 아이들을 두고 갈 수가 없었습니다. 이 친구들을 데리고 내년에 슈퍼리그에서 어떤 성적을 거둘지도 궁금해졌고요. 저는 인연을 중요하게 생각합니다. 연변과 맺은 인연을 이대로 저버릴 수 없었어요."

사실 책에서만 밝힐 수 있는 내용도 있다. 박 감독은 2015년 여름에 2부 리그에서 엄청난 자금력을 지닌 다롄이팡팀으로부터 영입 제안을 받았었다. 연봉만 한국 돈으로 15억 원에 달했을 정도다. 그룹 회장도 직접적으로 박 감독에게 호감을 표시했었다. 박 감독은 그 제안을 뿌리쳤고, 결국 연변에 남았다. 박 감독은 연변과 재계약 하면서도 연봉 부분에 대해서는 언급도 하지 않았다고 했다. 프로는 돈으로 평가 받는 면도 있는데 왜 그런 결정을 내렸느냐고 물으니 이런 답이 돌아왔다.

"손해? 그것도 제 팔자 아니겠습니까. 다른 팀으로 가면 돈을 얼마나 더 벌 수 있을지 모르겠지만, 별로 신경을 쓰지 않습니다.

금전적인 보상은 여기서도 어느 정도 받았고요. 돈을 최우선으로 보고 움직이면 일을 제대로 할 수 없습니다. 그게 바로 실패로 가는 겁니다."

연변의 자존심을 세운 박태하

취재하며 만난 연변 사람들은 친절했으나 자존심은 셌다. 그래서 한국 사람들이 연변 상황을 제대로 모르고 하는 오해 섞인 이야기에 상처를 많이 받는다. 하태균이 연변 이적을 결심했을 때 주위 선수들이 한 농담 섞인 말은 이런 현실을 반영한다. "밤에 조심해." 박 감독과 하태균도 이런 류의 이야기를 너무 많이 들어 헛웃음을 지을 정도다. 박 감독은 "뭘 몰라서 하는 이야기예요. 여기가 더 안전해요. 음식의 질도 매우 높습니다."(연변은 중국에서 식품 안전도가 가장 높은 곳이다)라며 웃었다.

"선수들이 착하고 순수하고 의리도 좋아요. 모든 선수와 다 친합니다. 처음에는 경기를 주로 뛰는 선수 중에 유부남들이 많아서 어울릴 기회가 적었는데, 어른 선수들과 밥을 먹으면서 많이 친해졌어요. 가끔 제가 연변 말투를 쓰면 모두 웃어요. 대화 주제는 어디든 똑같습니다. 20대 후반 남자들이 할 법한 이야기죠. 선수들이 요즘 차에 관심이 많습니다. 사실 조선족에 대한 편견이 커서,

선수들이 자존심 상할 때가 많다고 해요. 한국에서 전지훈련을 할 때 식당에 가면 '이런 소고기 먹어 봤느냐?'고 묻는 분들이 있다고 하더라고요. 여기 친구들이 더 잘 먹어요(웃음)."

자존심이 센 연변 사람들이 가장 자랑스러워 하는 게 바로 축구다. 박 감독의 통역이자 홍보팀 직원인 리철 씨는 연변에서 만난 첫 날 이렇게 말했다. "예전에 한국 TV에서 우리 팀을 주제로 다큐멘터리를 만들었습니다. 고마운 일이지만, 시선 자체가 너무 우리를 불쌍하고 가련한 존재로 만들어서 아쉬움이 있었습니다. 기사를 쓰려면 우리를 있는 그대로 다뤄주세요. (클럽하우스에 주차된 고가의 외제차들을 가리키며) 보시는 그대로입니다. 우리 선수들도 이 정도의 경제력은 가지고 있습니다."

올해로 설립 60주년을 맞은 연변팀은 지난 1965년 전국 축구 갑급 대회에서 우승한 뒤 단 하나의 우승컵도 차지하지 못했다. 민족적인 자부심과 당시의 기억을 간직한 노년층은 축구에 대한 관심이 여전하다. 홍련아 씨는 "아무리 재미있는 프로그램이 있더라도 축구가 하는 날이면 리모콘에 손도 댈 수 없었습니다."라고 말했다. 이런 관심 속에서 50년 동안 아쉬움만 삼켰던 것이다. 연변은 1999년 강등된 뒤 지난해까지 1부로 올라서지 못했다. 지난 시즌에는 2부에서도 꼴찌였다. 현지에서 "작년에는 화가 나서 축구를 볼 수가 없었습니다."는 이야기를 수차례 들었다.

2015년, 박 감독과 축구단에 대한 관심이 폭발적으로 증가한 것도 이런 맥락이다. 연변은 추운 날씨 때문에 시즌 개막 후 5경기를 원정(2015시즌부터 3경기로 감소)으로 치러왔다. 전력이 좋지 못한데 원정으로 경기를 치르니 지난 9년 동안 개막전 승리가 없었다. 2015시즌 개막전에서 승리를 거두자 구단에서 케이크를 자르며 기념을 했을 정도다. 서포터인 박미화 씨는 "개막전에서는 이기지 못 할거라고 생각했는데 이기니까 눈물이 다 났습니다."라고 말했다. 잔류만해도 다행이라는 분위기 속에서 팀이 21경기 무패를 질주하자 평균 관중도 2~3천 명에서 2만 명을 훌쩍 넘겼다.

박 감독을 향한 노년층의 지지는 상상을 초월한다. 1시간 넘게 걸어와 선수단에게 수박과 냉면을 사주라고 1000위안을 주고 갔다는 수박 할머니는 연변에서 이미 유명인이다. 필자는 우승 축하연에서 수박 할머니를 직접 만났다. 수박 할머니는 박 감독을 껴안은 뒤 돈(1000위안, 약 17만 원)이 담긴 봉투를 건넸다. 구단 직원이 "할머니 이러시면 안 됩니다."라고 제지하자 할머니는 "네가 뭔데 말리느냐. 이거 내 돈이다."라고 말했고, 이에 주위에 있던 공안들까지 웃음을 터뜨렸다. 연변 체류 기간에 한 맹인 할머니가 생활비를 모아 5천 위안(약 85만 원)을 구단에 기부하는 것도 목격했다.

노년층에 비해 상대적으로 민족적인 정서보다는 축구 자체에

▲수박 할머니 / 수박 할머니에게 화관 걸어드리는 박태하 감독

관심이 더 많은 젊은이들도 박 감독과 연변에 박수를 보냈다. 서포터 김파 씨는 "다음 시즌에 광저우헝다팀과 대결을 한다는 생각

을 하니 벌써부터 울렁거립니다."라며 설렘을 표현했다. 초점은 조금씩 달라도 연변팀의 선전을 보는 연변 사람들의 정서의 뿌리는 같다고 볼 수 있다. 거의 유일하게 단일 민족으로 꾸린 팀(주전 11명 가운데 7명이 조선족)의 자그마한 선수들이 덩치가 커다란 한족과 다른 민족 팀들을 눌렀다는 것이다. 그것도 창단 60년, 첫 우승 50년을 기념하는 해에 이런 경사가 생겼다.

"연변 선수들이 신체적으로 키와 덩치가 작아서 몸싸움에서 밀리는 것을 보면서 컸습니다. 당시에는 (연변에) 신체조건이 좋은 선수들이 오면 좋겠다고 생각을 많이 했습니다. 속도에서는 우월한데 몸싸움에서 자꾸 밀리니까 속상했죠. 선수들이 야속하기도 했어요. 우리의 장점을 살리고 단점을 보완할 수 있는 전술이 있어야 한다고 느꼈는데, 박 감독님이 와서 이런 부분을 완벽하게 해결해줬습니다. 너무 감동적이에요."
(홍련아)

연변을 오고 가며 사업을 해 온 한 사업가가 한 말이 마음에 남았다. 그는 연변이 박태하에 열광한 이유를 이렇게 설명했다. "이들은 항상 조선족이 한족보다 우월하다고 하지만, 실생활을 보면 한족들에게 무시당하는 일이 많아요. 말하지 못하는 설움을 가지고 있는 거죠. 그런데 이들이 가장 좋아하는 축구로 한족팀을 꺾었으니 기분이 좋을 수밖에요."

박태하는 외교관

　박 감독과 연변이 이룬 기적은 축구에 국한되지 않는다. 박 감독이 예상을 뒤엎고 선전하면서 다른 측면에서도 좋은 효과를 냈다. 박 감독은 자신도 모르게 오해투성이인 한국과 연변 사이에 다리를 놓고 있었다. 이미 지난 1년간 이어진 박 감독의 진정성 있는 도전은 연변에서 어느 정도 반향을 불러 일으켰다. 연변이 우승을 차지하고 박 감독의 리더십이 조명 받자 한 연변 시민은 "박 감독의 고향인 포항에 가고 싶어요."라고 말했다. 한국을 더 알고 싶다는 분위기가 조성된 것이다.

　"박태하는 외교관입니다. 어디에도 이런 외교관은 없을 겁니다." 연길시 치안을 책임지는 책임자인 김호 공안국장은 축배를 들며 크게 외쳤다. 김 공안국장은 분위기가 오르자 "류 기자, 연변에서 나쁜 짓 절대 하지 말아요."라며 짐짓 목소리를 높였다. 필자가 조금 놀라자 그는 웃으면서 "무슨 일을 해도 박 감독 손님이면 봐줄 겁니다. 여기 분위기가 그렇다는 이야기예요."라고 말했다. 당시 자리를 함께 하던 파출소장들도 모두 활짝 웃었다.

한국어(조선말)를 함께 사용하지만, 모두가 알고 있듯이 연변과 한국의 거리는 가깝지 않았다. 한국은 연변을 무시했고, 연변 사람들은 한국인의 이중성을 싫어했다. 보이스피싱의 진원지로 연변 조선족 자치주가 지목되면서, 〈개그콘서트〉에서는 이를 비꼬는 '황해'라는 코너가 생겼을 정도다. 연변 사람들은 이 '황해' 코너를 매우 싫어한다. 박 감독의 통역을 맡고 있는 리철씨는 "영화 〈황해〉는 사실에 기반한 것이니 별로 기분이 나쁘지 않다. 하지만 〈개그콘서트〉의 '황해'는 연변 사람들을 싸잡아 비난하는 것 같아 기분이 좋지 않다. 그 사람들은 연변 오면 정말 큰일 날 것."이라며 목소리를 높이기도 했었다.

박 감독은 축구를 통해 한국과 연변 사이에 있는 이런 그림자를 일정 부분 걷어 냈다. 우승을 지켜 본 뒤 포털 사이트에 내보낸 기사에도 어김없이 조선족 관련 악성 댓글이 달렸지만, 오히려 연변 사람들이 "한국 사람이 다 저런 건 아니다."라며 차분하게 대응하는 모습도 봤다. 연변에서 만난 사람들은 한국과 연변 사이의 심적 거리가 축구 덕분에 상당 부분 줄어들었다고 이야기하기도 했다. 서로를 이해하려고 노력하기 시작한 것이다.

박 감독과 연변의 활약으로 한국에서도 연변에 대한 편견이 조금 녹았고, 연변 지역에 대한 관심이 올라 가고 있는 것 또한 목격했다. 스포츠는 서로를 이해하는데 가장 좋은 도구라는 것을 박 감독은 증명하고 있었다. 5천년 동안 함께 살다가 70년 정도 떨어져 있었기에 생길 수밖에 없는 오해와 무지를 공통 분모로 가지고 있었던 축구가 어느 정도 해소하고 있었다. 2015년 연변은 '축구공은 둥글고 (우리가 하는) 축구는 하나'라는 것을 증명했다.

옌벤이 아니라 연변, 룽징이 아니라 용정

연변에 가서 축구만 본 것은 아니었다. 그 지역을 제대로 알려면 땅과 사람 그리고 음식을 제대로 경험해야 한다는 말에 동의하는 편이다. 박 감독이 기적과 같은 우승을 거둔 뒤에도 이틀 정도 추가로 취재를 했기 때문에 연변을 좀 더 돌아볼 수 있었다. 흔히 우리가 연변이라고 말하는 곳은 연변 조선족 자치주 주도인 연길이다. 연길 말고도 용정, 화룡, 도문, 훈춘, 왕청, 안도, 돈화가 더 있다.

박 감독은 연변 이야기를 할 때마다 "여기 오면 가봐야 할 곳이 많습니다."라고 했었다. 한국 최고의 시인으로 꼽히는 윤동주 시인의 생가도 용정에 있다. 유명한 가곡 〈선구자〉에 나오는 일송정과 푸른 솔도 용정에 있다. 독립군이 일본군을 상대로 첫 승리를 거뒀던 봉오동 전투의 무대는 북한과 마주한 도문이다. 2015년 첫 방문에서는 윤동주 시인 생가가 있는 용정과 북한과 접해 있는 도문에 갈 수 있는 기회가 있었다.

　우승 분위기가 채 가시지 않은 다음날 아침부터 박 감독과 함께 2군 경기를 보러 나섰다. 중국에서는 경기 다음날 아침 2군 경기를 한다. 2군 경기는 연길이 아닌 용정에서 했다. 연길에서 용정까지는 차로 30분 거리다. 용정은 한국에서도 상대적으로 많이 알려진 곳이다. 한국인이 가장 사랑하는 시인인 윤동주는 용정 출신이다. 우리가 잘 아는 윤동주 시인이 쓴 유명한 시 〈별 헤는 밤〉에도 이 지역 이야기가 나온다.

　어머님、 나는 별 하나에 아름다운 말 한마디식 불러봅니다。 小學校(소학교) 때 册床(책상)을 같이 햇든 아이들의 일홈과 佩(패)、 鏡(경)、 玉(옥) 이런 異國少女(이국소녀)들의 일홈과 벌서 애기 어머니 된 게집애들의 일홈과、 가난한 이웃사람들의 일홈과、 비둘기、 강아지、 토끼、 노새、 노루、「푸랑시쓰.쨤」「라이넬.마리아.릴케」 이런 詩人(시인)의 일홈을 불러봅니다。

　이네들은 너무나 멀리 있습니다。
　별이 아슬이 멀듯이、

어머님,

그리고 당신은 멀리 北間島(북간도)에 게십니다。

〈별 헤는 밤, 부분〉

일제강점기에는 연변을 간도라고 불렀다. 윤동주 시인은 용정에서 태어나 서울로 유학을 갔다. 민주화 운동을 주도했던 故 문익환 목사 역시 용정 출신이다. 윤동주 시인과 故 문익환 목사를 떠올리며 용정으로 향하면서 우리는 참 연변을 모른다는 생각을 다시 했다. 간도는 우리 선조들이 조선시대 말기부터 일군 땅이다. 이 지역에서 쓰는 말, 소위 연변 말도 함경도 사투리와 거의 비슷하다. 연변에 사는 조선족들은 여전히 말을 거의 완벽하게 지키며 살아가고 있다. 오히려 중국어를 정연하게 못하는 이가 더 많을 정도다. 2015시즌에 최우수 골키퍼로 선정된 지문일은 어린 시절 중국 연령별 대표팀에 뽑혔다가 롤링페이퍼를 쓰라고 하자 한자로 쓰지 못하겠다고 말했었다고 한다. 그는 2015시즌 시상식 때도 통역을 대동했었다. 이런 기본적인 사실도 모르면서 우리는 우리 조상들이 일군 터전에서 우리말을 지키며 살아가는 사람들을 오해하며 살아가고 있었다.

사실 우리는 용정을 용정이라고 부르지도 못하고 있다. 외국어

표기법을 지킨답시고 공식적으로 연변은 옌볜으로 용정은 룽징
이라고 불러야 한단다. 한 연변 팬은 한국 현실을 이해한다면서도
이렇게 말했다.

"용정이라는 지명도 우리 선조들이 우리 식으로 지은 겁니다.
연변도 마찬가지고요. 우리가 우리 식으로 지은 지명을 중국식으
로 읽으니 얼마나 화가 납니까."

지나고 들은 말이지만, 연변 사람들은 필자가 기사에 옌볜이 아
닌 연변이라고 표기한 것을 마음에 들어 했다고 한다. 또한 박 감
독과 연변 우승 이야기를 전하던 KBS 아나운서가 양해를 구한
뒤 "오늘만큼은 옌볜이 아니라 연변이라고 부르겠다."라고 한 것
에 눈시울이 뜨거워졌다고 말한 이들도 많았다.

용정에 도착해 2군 경기를 지켜본 뒤 일송정에 올랐다. 유명한
가곡 〈선구자〉 가사에 나오는 일송정이다. "일송정 푸른 솔은 늙
어 늙어 갔어도 해란강 푸른 물은 천년 두고 흐른다." 일송정 그
'푸른 솔'은 다른 나무로 바뀌었지만, 해란강은 여전히 흐르고 있
었다. 일송정에 몇 번 올랐다는 박 감독은 "저기가 해란강이에
요."라고 설명하기도 했다. 조국을 찾겠노라 말달리던 선구자는
볼 수 없었으나 드넓은 만주 벌판은 처음으로 볼 수 있었다. 왜 우

리 조상들이 일제 강점기에 용정에 처음으로 터를 잡았는지 알 것 같았다. 우리는 벼농사를 지어야 살 수 있는 민족이었다. 그 벌판은 여전히 농지로 쓰이고 있었다.

식사 뒤에는 윤동주 생가를 방문했다. 당시는 일요일이라 관리인과 해설사가 쉬는 날이었다. 그런데 식사에 동석했던 용정 여자 체육학교 교장 선생님이 박 감독이 간다고 전화를 하자 닫혔던 문이 열렸다. 교장 선생님은 "박 감독은 우리 민족의 영웅입니다. 당연히 열어 주실 거예요."라며 웃었다. 일제강점기라는 엄혹한 시절에도 잎새에 이는 바람에도 괴로워했던 시인이 태어난 곳을 방문하자 감회가 새로웠다. 사람은 땅과 떨어져 생각할 수 없다. 윤동주는 기억하면서 간도와 그 의미를 기억하지 못하는 게 아쉬웠고, 계속해서 이 땅을 지켜 보고 싶다는 마음도 생겼다. 물론 그때는 그 인연이 이렇게 길게 이어지리라고는 생각하지 못했다.

북한 접경 도시인 도문에 갔을 때는 조선족 박물관에 들렀다. 월요일이라 박물관이 문을 닫았는데 박 감독이 왔다는 이야기를 듣고 박물관장이 직접 박물관 문을 열었다. 사실 박물관은 별다른 게 없었다. 한국에 있는 민속 박물관과 똑같았기 때문이다. 오히려 박물관 옆에 있는 강변이 더 인상적이었다. 도문에서 두만강을 건너면 바로 북한이다. 강 너비는 20m가 채 안 되어 보였다. 박물관 옆 공원에는 '조선을 향해 소리지르지 마시오. 사진을 찍지 마시오.'라고 써있을 정도다. 표지판을 찍으려고 핸드폰을 들어올리자 박 감독이 뒤에서 "류 기자, 찍으면 큰일나요."라며 농을 던졌다. 그 순간 강 건너편에서 총을 멘 북한군 초병이 걸어 나왔다. 물론 정해진 시간에 경계 근무를 서러 나온 것이었지만, 직접 북한군을 가까이에서 본 필자는 매우 놀랐다.

도문에서 살았던 이들 이야기를 들어 보면 예전에는 물가에서 북한 아이들과 함께 노는 게 자연스러웠다고 한다. 도문에 사는 사람들은 여전히 북한에 갈 기회가 상대적으로 많다고 했다. 도문 축구 협회장은 "조선(조선족들은 북한을 조선이라고 부른다.)은 참 명청해요. 묘향산이나 금강산 같은 자연환경만 개방해도 돈을 많이 벌 거예요. 정말 깨끗하게 관리했다니까요. 그런데 저렇게 문을 꼭 잠그고 있으니 안타깝습니다."라고 말하기도 했다. 도문에서 한국어로 중국 국적을 지닌 도문 축구 협회장과 이야기를 하며 북한 땅을 바라보니 기분이 참 묘했다.

연변에서 밥은 먹고 다녔니?

앞에서도 썼지만, 박 감독에게 처음으로 전화했을 때 "식사는 잘 하고 계세요?"라고 물었었다. 박 감독은 그때는 물론이고 그 이후에도 "연변 음식이 더 맛있다."라고 말했었다. 실제로도 그랬다. 연변에 도착한 첫 날, 김룡 길림신문 기자가 저녁 식사 자리에 초대해 줬다. "류청 기자, 연변에 잘 왔습니다. 저녁 약속 없으면 저랑 팬들이랑 양꼬치나⋯." 김 선배 입에서 '먹겠냐'는 말이 떨어지기도 전에 "가시죠."라고 답했다. 사실 늦은 시간에 박 감독과 저녁 약속이 있었지만, 필자는 배의 솔직한 소리에 귀를 기울였다.

연변의 골키퍼이자 최고참인 윤광의 어머니가 하는 집이었다. 상호는 '강심장'이었다. 꼬치를 기다리며 맥주를 시켰다. 양꼬치엔 청다오가 아니다. 연변에서는 '빙천맥주(氷川麥酒)'를 마신다. 확실히 맛있다. 김정은 국방 위원장도 고개를 가로 저었다는 한국 맥주와는 급이 달랐다. 부드러우면서도 풍부한 맛이었다.

맥주는 맛있었으나 사실 조금 걱정이 됐다. 필자는 생긴 것과 다르게 비위가 그닥 좋은 편이 아니다. 잡내를 제대로 제거하지 않은 양고기를 먹으며 고생한 적도 있다. 양꼬치는 화로 위에서 돌돌 돌아갔고, 내 머리 속도 빙빙 돌았다. 초대 받아서 간 자리에서는 잘 먹는 게 예의다. 김 선배가 먼저 꼬치를 들어 먹기 시작했고, 앞에 앉은 박미화 씨도 젓가락을 들었다. 내 차례가 왔다. 용감하게 꼬치를 빼 먹었다.

'뭐야? 양이 원래 이렇게 맛있고 냄새도 나지 않는 고기였어?'

한국에서 필자가 먹었던 건 양이 아니었단 말인가. 한국에서 먹은 것과는 완전히 다른 고기였다. '불맛'이 많이 나는 소고기를 먹는 기분이었다. 계속 먹으며 방정 맞게 "선배 정말 맛있네요. 한국에서 먹었던 거랑은 달라요."라고 고백해 버렸다. 김 선배가 웃었다. "한국에서는 양은 안 키우잖습니까. 그러니 안 좋은 고기를 먹을 수밖에 없죠."

"저희 어릴 때는 돈 없으면 축구를 할 수가 없었습니다. 축구하려면 돈이 많이 필요했어요. 어머니와 아버지가 한국에서 막노동을 20년 가까이 하셨습니다. 아버지께서는 2012년에 귀국해서 2014년 돌아가셨습니다. 이 양꼬치 가게도 그 돈으로 차린 겁니다."

며칠 후 윤광을 인터뷰하다 들은 말이다. 가슴 한쪽이 조금 아팠다. 맛이 없을 수 없는 양꼬치였던 것이다.

경기 당일에는 경기 보러 가기 전에 연변 냉면을 먹으러 나섰다. 연변 냉면은 흔히 한국에서 먹는 냉면이나 북한의 평양 냉면과는 다르다. 면도 전분 함량이 매우 높다는 설명을 듣고 '순이 랭면'으로 향하고자 택시에 올랐다.

직접 본 연변 냉면은 크기부터 압도적이었다. 엄청나게 큰 화채

그릇에 갈색 면이 가득 담겨 있었다. 소고기, 돼지고기 수육과 닭고기 완자가 고명으로 나왔고, 각종 채소도 듬뿍 들어가 있었다. 맛은 자극적이었다. 면의 탄력은 엄청났다. 물어도 잘 끊어지지 않을 정도로 탱탱했다. 육수는 자극적이었다. 시고, 달고, 시원하고. 다 먹지는 못했다.

연변 냉면은 호불호가 갈리는 맛이다. 공항에 내리자마자 냉면집으로 직행하는 이들도 있고, 냉면을 먹는다면 연변 냉면이 아니라 북한 식당에서 하는 평양 냉면을 택하는 이들도 있다. 연변에서 한 시즌을 뛴 하태균은 후자였다. 하태균은 "다른 음식들은 정말 맛있는데, 냉면은 저하고 좀 안 맞는 것 같아요."라고 했다. 필자도 하태균과 비슷한 생각이다.

우승 이후에는 대접 그리고 또 대접이었다. 만찬장에서 하태균이 극찬한 음식을 만났다. 바로 '닭곰'이다. 이름도 생소한 닭곰은 이렇게 만든다. 닭을 푹 삶는다. 흐물흐물하게 삶는 게 아니라 살이 탄력 있게 삶아서 손으로 먹기 좋게 찢는다. 이후에 그릇에 담아서 낸다. 닭을 삶은 육수는 따로 낸다. 살은 양념장에 찍어 먹는다. 연변에서 닭곰을 두 번 먹었는데, 먹을 때는 이름을 몰랐다.

닭곰을 먹으면 대접 받았다는 느낌을 받는다. 치킨의 기름진 비릿함도 아니고, 삼계탕의 야들야들함도 아니다. 박 감독 표현을 빌리면 "먹으면 건강해지는 느낌."이다. 서두르지도 않고, 무심하게 기다리지도 않은 요리라는 생각이다. 닭곰을 먹으면서 옆에 있던 회사동료 김정남PD에게 이렇게 말했다.

"정남아. 같은 한식인데 한국에서는 왜 이런 맛을 내지 못할까?"

아마 음식을 대접한 이들의 정성도 한몫 했을 것이다. 한족과 한국인들에게 모두 설움 받던 조선족들은 박 감독에 열광했다. 박 감독은 겸손한 자세로 조선족의 자존심을 세웠다. 가는 곳 마다 박 감독을 대접하려는 이들이 가득했다.

용정체육학교 교장선생님의 초대를 받았을 때(여기서 닭곰을 먹었다)다. 교장선생님은 "박 감독님과 제가 갑장(동갑)이에요."라며 호호 웃었다. 대화 도중에 개구리를 삶아먹는 이야기가 나왔는데, 교장 선생님이 갑자기 어디론가 전화를 걸었다. 10분 후에 살아 있는 개구리가 도착했다. 필자는 개구리 다리도 먹지 않는 사람인데, 그날 삶은 개구리 몸통을 먹어야 했다.

박 감독은 맛있게 먹었다. '이 양반 개구리 좀 먹어봤네.'라고 생각했다. 박 감독은 삶은 개구리를 먹고 당황하는 내게 한국에서는 보기 어려운 껍질이 하얀 삶은 달걀을 건넸다. "한국에서 먹던 거랑은 다른 거예요."라며 손을 내밀었다. 삶은 달걀을 먹으며 그

말을 수긍했다. 나중에 안 사실인데, 박 감독도 삶은 개구리는 처음이었다고 했다. "대접한 분의 마음이 다칠까 최대한 자연스럽게 먹었습니다."라는 말과 함께.

우리는 연변을 잘 모른다. 우리에게 연변은 영화 〈황해〉의 무시무시함과 개그콘서트 〈황해〉의 우스꽝스러움 그 사이에 있다. 한국 역사의 질곡 한 구석에 연변과 조선족이 있다. 이들을 한 단어나 한 이론으로 정의하기는 불가능에 가깝다. 다만 이 글을 읽으며 연변과 거기 사는 사람들이 궁금하다면 연변 음식, 그 중에서도 닭곰을 추천한다. '아 이건 우리 음식이구나.'라는 말이 절로 나올 것이다. 설명할 필요도 없이 동질감을 느낄 수 있을 거다. 당시에는 필자도 연변을 처음 방문했기에 확신할 수 있는 것은 거의 없었다. 하지만, 한 가지는 그때부터 지금까지 확실히 이야기할 수 있다. 연변에 가면 밥은 잘 먹고 다닐 수 있다.

귀국, 그리고 반향

첫 연변 현지 취재는 매우 만족스러웠으나 한 가지 문제가 있었다. 바로 술이었다. 연변 술 문화는 대학교 신입생 시절을 연상시킬 정도로 강력했다. 맥주를 먹든 백주(白酒)를 먹든 무조건 소위 꼭지가 돌 때까지 먹어야 했다. 한국에서는 먹기 어려운 귀한 송이버섯, 잡내가 하나도 나지 않는 양고기, 입에서 살살 녹는 꽃등심을 안주로 먹으면 뭐하나. 숙소로 돌아가면 그 다음날 일정을 위해 게워내야만 잠을 잘 수 있었다.

귀국 하루 전의 술자리는 그 중 백미였다. 공안국장과 파출소장들과 함께한 자리였는데 여기에서 가장 많은 술을 먹었다. 옆에 앉은 한 검사는 계속해서 백주를 권하면서 "젊은 사람이 왜 이리 술을 못하느냐."라고 타박을 줬다. 그래도 요령껏 피해가면서 마셨는데, 필자보다 덩치가 크고 야구 선수 출신인 동료PD는 그분들이 주는 대로 술을 다 마셨다. 그 친구가 취하는 걸 본 적이 없었는데, 인천공항에 내려서 차를 타는 그 순간까지 술 냄새가 날 정도였다.

너무 많은 것을 보고, 너무 많은 이들을 만났기에 현실감은 떨어져 있었다. 한국에서 이 취재와 기사를 어떻게 봤을 지에 대해서는 아무런 생각이 없었다. 차에 짐을 싣고 있는데 받은 전화가 현실감각을 깨웠다. 주간지인 〈한겨레21〉 기자가 건 전화였다. 알고 보니 친구인 〈씨네21〉 기자가 전화번호를 가르쳐 준 것이었다. 페이스북에 건 연변 기사를 본 〈한겨레21〉 편집장이 원고를 부탁했다고 했다.

연변을 취재하면서 가장 깊이 느낀 부분이 축구와 사회의 접점이었다. 한국에서는 축구 자체를 가장 우선순위로 두면서 축구를 일종의 단독자 취급한다. 하지만, 축구보다 사회와 밀접한 관련을 맺은 스포츠는 없다고 생각한다. 일제 시대부터 '적어도 축구만은 우리가 일본보다 낫다.'라는 자부심을 가지고 살아왔던 한국에서는 더더욱 그렇다. 한국은 축구와 사회 사이에 있는 연결고리가 많이 약해졌지만, 연변은 그 연결고리를 그대로 가지고 있다. 〈한겨레21〉 같은 시사 잡지가 그런 부분을 눈여겨 봐줬다는 것이 기뻤다. 잡지에는 필자가 쓴 연변이라는 지명이 옌벤으로 쓰여 있었지만, 시사 주간지에 연변 기사가 실릴 수 있다는 것 자체에 큰 의미를 둘 수 있었다. 축구와 사회가 따로 떨어져 있지 않듯이, 한국과 연변 사회도 떨어져 있지 않다는 걸 어느 정도 증명한 게 아니었을까.

히스토리 1.

박태하 전에 최은택 교수가 있었다

연변과 연변 축구에 대한 관심도는 다른 곳에서도 느낄 수 있었다. 한국에서 가장 대중적이라고 할 수 있는 '네이버 스포츠'에서도 연락이 왔다. '네이버 스포츠' 담당자가 요구한 것은 더 놀라웠다. 그 담당자는 박태하 감독 전에 연변에서 큰 바람을 일으킨 故 최은택 교수 이야기를 써달라고 했다. 연변에 갔을 때 박 감독과 함께 故 최은택 교수를 기리는 현수막을 봤었다. 그걸 보면서 '어, 저건 누구지?'라는 생각을 했었다.

중국 축구를 많이 경험한 한 한국 감독이 "연변도 어차피 중국이다. 성적이 좋지 않으면 박 감독도 바로 자를 것."이라는 말을 한 것을 듣고 연변으로 갔었다. 이런 우려를 전하자 김룡 길림신문 기자나 팬들이 했던 이야기에 답이 있었다. 그들은 "최 교수님

▲故 최은택 감독 / 길림신문

을 그렇게 보내고 연변 사람들이 많이 죄송해했었다. 박 감독은
그렇게 보내면 안 된다는 공감대가 있다. 그렇게 걱정하지 않아도
될 것이다."라고 답했다.

연변 사람들이 쓰는 호칭을 보면 최 교수에 대한 마음을 읽을 수 있다. 감독이 아닌 교수, 지휘한 사람이 아니라 가르침을 준 선생님이라고 생각하며 극 존칭을 쓰고 있다. 최 교수는 1997년부터 1998년까지 연변(당시에는 연변오동팀)팀을 이끌었다. 최 교수가 이끄는 연변팀은 모두의 예상을 뒤엎고 당시 1부 리그 4위를 차지했다. 이는 여전히 연변이 거둔 최고 성적이다. 최 교수는 2007년 2월 5일 별세했다. 비록 그는 세상을 떠났지만, 연변과 연변 축구를 이해하려면 그를 먼저 알아야 한다.

감독이 아닌 교수

"최 교수님이 여기 계셨으면 정말 좋았을 텐데…."

연변 취재를 되돌아보면, 당시에 만난 많은 이들이 최 교수를 언급했었고 그리워했었다. 연변 서포터 박미화 씨는 박 감독에 열광하면서도 최 교수를 떠올렸다. 앞서 언급한 대로 연변이 최 교수를 기억하고 기리는 것은 성적 때문이 아니다. 연변은 최 교수를 말 그대로 선생님, 아버지 그리고 선구자로 기억하고 있다. 지금보다 훨씬 더 열악한 상황에 있었던 연변팀을 일으켰고, 조선족의 자존심을 세운 이가 바로 최 교수다.

　우승이 결정된 후 하루 뒤에 벌어진 행사에 나타난 의문의 남자도 기억난다. 체격이 좋았지만, 선수라고 하기에는 나이가 많았다. 알고 보니 최 교수와 함께 뛰었던 콩고 민주 공화국 출신의 외국인 선수 졸라였다. 연변 팬들은 여전히 졸라를 기억하고 있었다. 자신들을 처음으로 뜨겁게 했던 외국인 선수를 잔치 자리에 초대했다. 그만큼 연변 조선족들에게 1997년 당시의 기억은 강렬했다.

　연변을 들썩이게 했던 박태하호의 우승 가운데 최 교수가 나온 이유는 미안함 때문이기도 했다. 최 교수는 1997시즌 기적같은 성적을 거뒀지만, 1998시즌에 8경기만 치르고 경질됐다. 내부 알력과 여러 가지가 복잡하게 얽힌 결과였다. 한 연변 팬은 "최 교수님을 그렇게 보낸 아쉬움과 죄송함이 여전히 남아 있는 것 같다. 팬들 사이에서는 '박 감독은 절대로 그렇게 보내면 안 된다.'는 자성의 목소리가 나오기도 한다."라고 설명했다.

　박 감독과 함께 만난 연변 축구 원로와 지역 인사들도 최 교수를 자주 언급했다. "최 교수님의 뜻을 이어 받은 박 감독이"로 시작하는 축하 인사가 줄을 이었다. 최 교수가 연변을 떠난 지 18년이 지난 후였다. 왜 연변은 최 교수의 이름은 아직도 잊지 못하고 있는 것일까? 미안함과 고마움 만으로는 설명하기 어려웠다.

연변과의 우연 같은 만남

연변과의 만남은 우연이었다. 최 교수는 한양대 교수로 재직하다가 1997년, 1998년을 안식년으로 보냈다. 이때 팔꿈치 치료를 받기 위해 병원을 수소문하다가 중국 쪽에 한방 치료를 잘 하는 곳이 있다는 말에 연변으로 향했다. 당시 최 교수를 안내한 한양대 학생(추명, 이후 이장수 감독 통역으로 일했고, 현재는 상하이 대학 교수)은 조선족이었고, 최 교수는 연변에서 축구계 인사들을 만날 수 있었다.

연변 대학은 최 교수에게 1년 동안 겸임 교수를 맡아 달라고 요청했고, 연변 조선족 자치주는 성적이 좋지 않았던 연변오동팀의 지휘봉을 잡아 달라고 간청했다. 최 교수는 연변 대학의 요청은 흔쾌히 수락했지만, 감독 부임을 두고는 고심했다. 1986년 포항제철아톰스 지휘봉을 놓은 후 10년 동안 축구 현장을 떠나 있었다. 게다가 당시 연변의 성적과 환경은 좋지 않았다. 최 교수가 직접 관찰한 연변오동팀의 상태도 실망스러웠다. 담배와 술을 상시적으로 하는 선수들이 많았다.

최 교수는 지난 2000년 7월 〈신동아〉와의 인터뷰에서 당시 상황을 정확히 밝혔다. 그는 자신의 조건을 수용하면 지휘봉을 잡겠다고 했다. "팀을 맡기려면 내가 하자는 대로 해야 한다. 2부로 떨어지더라도 성적을 두고 시비하지 말라. 선수 기용이나 관리에 대해서도 일절 간섭하지 말라." 이 조건이 받아들여지자 최 교수는 1997시즌을 앞두고 연변오동팀의 감독이 된다. 이후 대대적인 개혁을 했다. 아무도 생각하지 못한 일이 벌어졌다. 담배와 술을 가까이하던 주축 선수들을 모두 내쫓았다.

"술 마시고 담배 피우는 선수들을 모두 쫓아냈다. 그러고는 18~19세의 어린 선수 30명을 모아 기초훈련부터 시키기 시작했다. 그러자 주변에서 야단이 났다. 쓸 만한 선수들은 다 내보내고 어린애들을 데리고 무슨 프로 축구를 하겠다는 거냐고. 그래서 나한테 맡긴다고 했으니 이런저런 소리 말라고 했다."

연변은 충격에 빠졌었다. 아무리 전권을 받았다 하더라도 그런 급격한 개혁을 할 것이라 예상한 이는 없었다. 최 교수는 타협을 모르는 사람이었다. 청소년 대표 시절에 최 교수를 만났던 허정무 한국 프로 축구 연맹 부총재는 최 교수를 이렇게 기억한다. "좋은 분이셨지만, 선수들은 굉장히 무서워했었어요. 성격이 칼 같은 분이었죠. 철학이 분명했고, 고집도 있었습니다. 아마 한국 축구인 가운데 처음으로 독일 유학을 하신 것으로 알고 있습니다. 선진적인 훈련 방법을 한국에 도입하기도 했었죠. 무서웠지만, 제게는 잘 해주셨습니다. 힘들어 하는 선수를 보듬을 줄도 아는 분이셨어요."

연변에 프로 축구의 개념을 세운 선구자

"우리에게 프로 축구라는 것을 가르쳐 줬다."(김룡 길림신문 기자)

개혁은 거기서 그치지 않았다. 최 교수는 연변에 프로 축구선수라는 개념을 알린 선구자다. 당시 연변오동팀은 경기 출전 여부에 상관없이 20명의 선수에게 경기 수당을 똑같이 나눠 줬다. 최 교수는 경기에 뛰는 선수에게만 수당을 지급했다고 선언하며 경쟁에 불을 댕겼고, 훈련을 게을리하면 팀에서 내쫓겠다고 엄포를 났다. 선수들이 꾸물거리면 불호령을 내렸다. "그런 식으로 공을 찰 거면 시골 내려가서 농사나 지어!"

최 교수 아래서 연변은 조금씩 강해졌다. 상대적으로 전력이 좋지 않았던 연변은 수비적인 경기를 해왔는데, 경기 양상도 확실히 바뀌었다. 최교수는 많이 뛰는 축구로 상대팀을 압박했고, 공을 빼앗으면 많은 인원을 공격진으로 일시에 올려 보내는 전술로 재미를 봤다. 한 상대 감독은 최 교수의 연변과 상대하는 기분을 이렇게 표현했다고 한다. "연변과 경기하면 마치 미친개랑 싸움하는 것 같다. 그들은 끊임없이 뛰어다니고 그림자처럼 붙는다. 전혀 당해 낼 방법이 없다."

연변은 강해졌다. 젊은 선수들은 경기를 거듭하면서 경험을 쌓았고, 어떤 상대를 만나도 주눅들지 않았다. 결국 1997시즌을 4위로 마무리했다. 연변 조선족 자치주는 열광했다. 축구는 조선족의 자존심이었다. 한족에게 축구만큼은 지지 않는다는 자부심을 가지고 있었으나 별다른 성과가 없었다. 이런 아쉬움을 처음으로 날리게 해준 이가 최 교수였다. 연변 조선족 자치주는 최 교수를 명예(영예)시민으로 추대했다. 연변 조선족 자치주가 생긴 이후 처음 있는 일이었다. 이후 2015년 박태하 감독이 두 번째 명예(영예)시민이 됐다.

생활비를 선수에게 준 교수님

최 교수는 소리를 질러 연변을 바꾼 게 아니다. 최 교수는 선생님의 마음으로 선수들에게 다가갔고, 선수들은 최 교수의 진심을 느꼈다. 최 교수는 월급을 받지 않겠다고 선언했다. 연변오동 팀은 월급을 거부하는 최 교수에게 일정액의 생활비를 지급했다. 일반 시민들의 기준으로 보면 큰 돈이었지만, 외국 감독이 생활하기에는 적은 돈이었다. 최 교수는 이 돈마저 거의 선수들에게 용돈으로 줬다. 한 선수가 지갑을 잃어버리자 자신의 지갑에 있던 돈을 모두 내줬고, 외국인 선수에게는 국제 통화료를 계산하라며 돈을 줬다. 독일 국적의 다른 팀 감독이 "정말 월급을 받지 않느냐?"라고 묻자 최 감독은 이렇게 답했다고 한다.

"난 도우러 온 것이지 돈을 위해 온 게 아니다."

최 교수는 시즌을 치르다가 쓰러진 적이 있다. 스좌장 원정을 떠나다가 공항에서 갑자기 중풍 증세를 보인 것이다. 최 교수는 주위의 만류에도 불구하고 스좌장 원정을 떠났다. 결국 스좌장에서 선수들의 강권으로 병원으로 향했다. 그런데 최 교수는 경기 당일 다시 그라운드에 나타나 감독석에 앉았다. 〈길림신문〉은 "이 광경을 보고 선수들은 저마다 눈물이 글썽하였다."라고 당시 상황을 묘사했다. 선수들은 감동했다. 당시 노장이었던 황경량은 이렇게 말했다고 한다.

"최 감독의 모든 행동은 모두 우리를 위한 것이다. 월급도 받지 않으면서 임시로 도와 주러 온 사람이 이러할진대 우리가 무슨 이유로 열심히 뛰지 않을 수 있겠는가!"

최 교수의 위상을 잘 보여 주는 자료가 있다. 지난 1998년 연변TV는 연변오동팀과 최 교수의 발자취를 다큐멘터리로 제작했었다. 당시 한 조선족 아이는 누구를 가장 존경하느냐는 제작진의 질문에 "어머니, 아버지, 그리고 최은택 교수님."이라고 답했다. 연길에서 비행기로 4시간 거리에 있는 시안에서 만난 한 시민은 최 교수를 아느냐는 질문에 "함부로 감독이라고 부르지 말라. 그분은 우리 모두가 존경하는 교수님이다."라고 목소리를 높이기도 했다. 김룡 길림신문 기자는 "당시 연변 사람들이 최 교수를 아버지라고 부를 정도로 따랐다. 지금도 그런 분위기가 있다."라고 설명했다.

중국에 대서특필된 부고

연변과 아쉽게 이별했지만, 최 교수와 연변의 인연은 그대로 끝나지 않았다. 최 교수는 2000년 길림성의 한 출판사에서 《축구의 예술 - 나의 축구관》이라는 책을 출간했다. 이후에도 연변과 중국 전역에서 어린 선수들을 발굴하고 교육하는데 도움을 줬다. 여러 도시의 축구 학교를 돌아다니면서 강의했고, 중국을 방문할 때마다 연변에 들러 도움을 줬다. 최 교수는 2005년 연변주 체육 학교에서 강의했고, 이것이 마지막 연변 방문이 됐다.

2007년 2월 5일, 최 교수는 지병인 폐암으로 작고했다. 최 교수의 별세에 중국 〈시나닷컴〉등 주요 언론이 특집 기사를 마련해 최 교수를 추모했다. 연변뿐 아니라 중국의 많은 이들이 최 교수의 죽음을 안타까워했다.

"최 교수님이 가져다 준 것은 축구뿐이 아닌 인격의 가르침이었습니다."

"최 교수님, 천국에 계신 당신을 너무나 뵙고 싶습니다. 영원히 당신 같은 진정한 호인(好人)을 잊지 못할 것입니다."

최 교수가 세상을 뜬지 8년 만에 연변은 중국에서 첫 우승을 차지했다. 그 우승을 이끈 이는 한국인 박태하였다. 연변 팬들은 그 우승에서 최 교수를 떠올릴 수밖에 없었다. 최 교수가 팀을 이끌었을 때 유년기를 보냈던 이들은 장년이 돼 축구를 보고 있었다. 이들 중 일부는 어린 자녀들과 함께 박 감독이 이끄는 연변 축구를 보고 있다. "박 감독 이전에 최 교수님이 계셨다."라고 설명하면서 말이다.

인터뷰 ①

연변에서 보낸 1년, 하태균은 다시 태어났다

하태균은 연변에서 박태하 감독만큼이나 상징적이다. 하태균은 2007년 수원 삼성에서 신인왕을 차지한 뒤 별다른 모습을 보이지 못했다. 그는 2015시즌을 준비하다 연변으로 임대 이적했다. 계속해서 골을 터뜨리면서 연변을 끌어올렸고, 자존감도 회복했다. 연변에서는 여전히 2015년 우승을 이끈 하태균을 '하신(河神)'이라고 부른다. 하태균은 연변 사회를 이해하고 마음에 품고 있었다. 2015년 우승을 차지한 뒤 연변 백산 호텔에서 진행한 인터뷰를 보면, 연변 사회와 연변 축구를 잘 이해할 수 있다.

- 연변의 우승은 아무도 예상하지 못했다. 선수들은 어느 정도 예상하고 있었나?

생각하지 못했다. 처음에 팀에 합류했을 때 감독님도 목표가 10위권이라고 말씀하셨었다. 감독님이 첫 해에 이런 성적을 낸 것에 대해 축하하고 싶다. 사실 축구 선수들도 경력 중에 우승 경험을 하지 못한 선수들이 더 많다. 연변 선수들도 우승이 현실적으로 다가오니 내게 '우승하면 기분이 어떠냐?', '우승이 결정되면 감독님 헹가래를 언제 쳐야 하느냐?'라고 묻더라(웃음). 선수들에게도 고맙다. 기분이 정말 좋다.

- 한국에서 2부 리그를 포함해서 8시즌 동안 30골을 넣었다. 그런데 올
시즌 26골을 터뜨렸다. 2부 리그인 것을 고려해도 많은 골이다.

결국 마음의 문제인 것 같다. 한국에서는 이렇게 편안한 기회가 주어지지 않았
다. 박 감독님은 경기하기 전에도 많은 주문 보다는 하고 싶은 대로 편하게 하
라고 하신다. 그렇게 기회가 주어졌을 때 골 넣으면서 자신감을 얻었고, 마인드
가 바뀌었다. 한 골에 만족하지 않고 더 넣고 싶다는 욕심으로 끝까지 노력한
결과 많은 골이 나왔던 것 같다.

- 득점왕에 MVP까지 받았는데.

올 시즌은 정말 운이 좋은 것 같다.

- 기회를 받아도 아무나 그 기회를 잡는 게 아니다. 게다가 코칭스태프
와 다른 선수들은 모두 '하태균을 믿는다.'고 하더라.

초창기에 왔을 때 비디오 분석관 (김)혁중이 형이 '골이 곧 답'이라고 조언해 줬
었다. 나도 어떻게든 골을 넣어야 한다고 생각했다. 처음에는 많이 불안했었다.
선수들에게 패스를 받아야 하는데, 선수들이 자신감이 없어 보였다. 그런데 골
을 넣고 선수들과 식사도 하면서 관계가 좋아지면서 더 탄력을 받았다. 코칭스
태프에서는 선수들이 내게 의지한다고 하는데, 사실 잘 모르겠다. 그냥 운동장
에서 열심히 하는 걸 동료들이 잘 봐준 것 같다.

- 한국선수가 중국이나 아시아권 리그로 이적했을 때, 경쟁보다는 믿음을 받기 때문에 더 잘한다는 이야기를 들은 적이 있는데, 그런 맥락인가?

경기하면서 감독님을 의지하게 됐다. 가끔 한 말씀씩 해주시는데 그게 마음에 와 닿았다. 선수가 어떤 마음가짐으로 경기에 임하는지가 가장 중요하다고 생각하는데, 나를 비롯한 선수들이 흔들릴 때마다 한 말씀씩 해주신다. 그게 마음을 다잡는데 정말 큰 도움이 됐다.

- 연변 선수와 팬들을 만나 보니 전 감독들은 '못한다.'는 구박을 많이 했다고 하더라. 박 감독은 '하지마.'라는 이야기보다는 '어떻게 하라.'는 주문을 많이 한다고 하던데.

전 감독님들에 대해서는 잘 모르겠다. 박 감독님은 선수들한테 운동장에서는 플레이에 대해서 주문만 하고 혼을 내지 않는 편이다. 생활면에서 프로 선수가 하지 않아야 하는 일에 대해서만 강조한다. 운동장에서도 전술적인 부분만 지시하고, 선수들이 그걸 이행하지 못해도 뭐라고 하지는 않는다. 감독님의 인성, 선수들을 다독이는 모습에 많은 것을 느꼈다. 선수들이 원래 능력을 갖추고 있었고, 감독님이 그걸 100% 꺼내 주신 것이라고 생각한다.

- 중국 갑급리그는 에두가 허베이화샤팀에 52억 원의 이적료를 받고 이적하면서 관심을 모았다. 연변은 그런 허베이에 1승 1무를 거뒀다.

에두와는 경기 때 만나서 인사했다. 에두도 그렇고, 그 팀의 10번 외국인 선수도 정말 잘한다. 수원에 있을 때도 아시아 축구 연맹 챔피언스리그(ACL)에서 중국 슈퍼리그 팀과 하면 외국인 선수들의 기량이 뛰어나다는 것을 느꼈었다. 대신 외국인에 의지하기 때문에 만들기 보다는 전방으로 공을 때리는 일이 많다. 우리는 그런 플레이를 하지 않고 만들어 가는 플레이로 맞섰다. 연변 선수들은 '조선족이 한족보다 패스를 더 잘한다'는 자부심을 가지고 있다. 허베이팀과 경기를 할 때도 우리가 플레이를 더 잘했다. 패스가 간결했고, 압박도 우리가 더 잘했다.

- 연변의 진정한 힘은 수비(24실점으로 리그 최소실점 2위)에 있다는 이야기를 많이 들었다. 선수의 80%가 지난 시즌과 같은 상황에서 기적을 일으킨 것은 결국 수비 때문이었나?

골을 안 내주면 1골만 넣어도 이긴다. 여기 선수들이 끈질긴 게 있다. 감독님이 지시하면 끝까지 물어뜯는 게 있다. 감독님도 매 라운드 똑같은 말씀을 하셨다. '한 발이라도 앞에 나가야 상대가 볼을 못 찬다'고. 감독님이 말씀한 게 경기장에서 나타나니까 선수들이 믿음을 갖게 됐다. 혁중이 형이 경기가 끝나면 선수 개개인이 볼 수 있도록 비디오를 편집해서 주는데, 선수들이 전부 이동하면서 그걸 보고 있다. 선수들이 발전하고 싶어서 노력한 결과가 나타나고 있다.

- 연변에서는 시즌 초반에 박 감독이 경기 후 이틀 가량 휴식을 주는 것

에 대해서도 논란이 있었다고 들었다. 동계훈련에서 체력을 만들고 시즌 중에는 회복을 중점으로 하는 훈련법이 한국에서도 일반적인가?

감독님이 선수들에게 '내가 훈련을 많이 안 시킨다고 불안해하지 마라. 훈련량은 경기장에서 보여주면 되고, 나머지는 회복한다고 생각하라.'고 말씀하셨었다. 나는 그 패턴이 좋은 것 같다. 한국에서는 선발로 많이 못 뛰어서 이런 시스템과는 거리가 있었다. 교체 선수는 선발과 운동량 차이가 크다. 운동량이 적기 때문에 경기 다음 날도 100% 운동량을 꾸준히 채워야 했다.

- 수원 이야기가 나왔으니 그 시절 이야기를 해보자. 2007년 데뷔와 함께 신인상을 받았는데, 그 이후에는 생각보다 기록이 좋지 않다.

2007년 신인왕은 생각지 못한 상이었다. 항상 연말에 한 해를 정리하는 글을 쓰는데 당시에는 '내년에 꼭 다른 상이라도 받자.'라는 목표를 잡았었다. 그 목표를 8년 동안 이루지 못했다. 그래서 시즌을 정리하는 글이 항상 아쉬움 투성이었다. 기회를 잡으려고 노력을 했는데, 사실 기회를 잡아도 뭘 보여 줘야 하지 않나. 그럴 기회조차 잡지 못했다. 그런 상황에서 박 감독님이 기회를 줬고, 그게 내게 새로운 발판이 된 것 같다.

- 그런 상황이었기에 주저 없이 연변 임대를 선택했나?

올 시즌 동계훈련을 하면서도 열심히 했는데, 기회를 잡기가 정말 어려워 보였다. 연변에 대해서 별다른 정보가 없었지만, 도전하지 않으면 아무것도 할 수 없다고 생각했다. 그래서 도전하게 됐다.

- 이적을 선택했을 때 이야기가 많았을 것 같다. 연변에 대한 편견이 많지 않나.

주위 선수들이 농담을 많이 했던 것 같다. 밤에 조심해라 등등(웃음). 난 '편하고 좋다.'라고 했는데, 그 선수들은 못 믿었다. 아직까지 선입견이 있으니까. 그런데 우승하고 좋은 모습을 보여 주니까 보기 좋다고 말하는 선배들이 많이 생겼다. 후배들은 '부럽다'는 반응이다. 여기 오고 싶다고, 슈퍼리그 올라가는데 수비 안 찾냐고, 감독님께 말씀 좀 드려 달라는 이야기를 많이 듣고 있다(웃음).

- 어쨌든 이적과 함께 골을 넣기 시작했다. 스스로 많이 올라섰다고 느낀 시기는 언제였나?

그게 베이징 이공 대학과의 5라운드 원정 경기였을 거다. 중국에서는 원정에서 이기기가 정말 어려운데, 당시에 한 명이 퇴장 당한 상황에서 4골을 넣었다. 선수들의 경기력도 좋았고 골도 많이 넣으면서 나를 비롯한 선수들 모두 컨디션이 올라왔다. 자신감이 붙었고, 다음 경기부터 오히려 상대팀들이 처져서 수비를 하고 우리가 밀어붙이는 방식으로 경기했다.

- 득점왕을 차지한 건 얼마 만인가?

고등학교 3학년 때, 19살에 처음 해보고 이번에 10년 만에 다시 받았다(웃음).

- 마지막 경기에서 1위에 1골 차로 뒤지고 있었기에 의식을 할 수밖에 없었을 것 같은데.

생각을 안 하려 해도 생각이 나더라. 2등은 안 알아주니까. 욕심이 생겼다. 페널티 킥을 얻었던 순간 꼭 넣어야겠다는 간절함이 들었다. 동료들도 만들어 주려고 했다. 외국인 선수들까지 '1위와 몇 골 차이냐?'고 묻더라. 득점왕을 하는 과정에서 외국인 선수들의 도움도 많이 받았다.

- 이야기가 나온 김에 동료들 이야기를 해보자. 조선족 선수들과 많이 친해졌나? 주된 대화 주제는 뭔가?

선수들이 착하고 순수하고 의리도 좋다. 모든 선수와 다 친하다. 처음에는 경기를 주로 뛰는 선수 중에 유부남들이 많아서 어울릴 기회가 적었는데, 어른 선수들과 밥을 먹으면서 많이 친해졌다. 가끔 내가 연변 말투를 쓰면 모두 웃는다(웃음). 대화 주제는 어디든 똑같다(웃음). 20대 후반 남자들이 할 법한 이야기다. 선수들이 요즘 차에 관심이 많더라(웃음). 사실 조선족에 대한 편견이 커서, 선수들이 자존심 상할 때가 많다고 한다. 한국에서 전지훈련을 할 때 식당에 가면 '이런 소고기 먹어 봤느냐?'고 묻는 분들이 있다고 한다. 여기 친구들이 더잘 먹는다(웃음).

- 24일 경기 중에 상대 선수를 민 것도 그런 유대가 발현된 건가?

선수들과 사이가 되게 좋다. 밀었던 것은 어필을 하려고 했던 거다. 우리 선수들한테도 파이팅 넘치는 모습을 보여 주고 싶었다 그쪽 팀이 강등 위기라서 강하게 나오더라. 우리도 이겨야 홈에서 축제를 할 수 있는데, 저들이 강하게 나오면서 기에서 밀린다고 느꼈다. 선수들에게 동기 부여가 되지 않을까 싶어 그런 행동을 했다.

- 여기 와서 가장 놀란 게 경기장에서 안내 방송이 한국어(혹은 조선어) 먼저하고 다음에 중국어로 하는 것이었다. 조선족들의 자부심을 느꼈다.

선수들이 자존심이 강하다. 지난 시즌까지는 이기겠다는 마음을 가지고 뛸 수 없는 환경이었다. 지난 시즌에는 6개월 동안 월급이 밀렸었다. 그래서 조선족 선수들이 외국인 선수들에게 미안할 정도였다고 한다. 타지까지 와서 고생한다고. 박 감독님이 이런 부분을 해결해주면서 선수들이 의지를 되찾았다. 선수들이 감독님을 정말 좋아한다. 생활에 대해서만 이야기하는데, 자신들이 생각해도 맞는 이야기를 하기 때문이다.

- 이제 인터뷰를 마무리할 시간이다. 득점왕과 MVP 수상을 제외하고도 올 시즌 얻은 게 많은 것 같다.

진짜 많이 얻었다. 가장 중요한 것은 전 시즌을 다치지 않고 소화한 것이다. 한 번도 이렇게 다치지 않고 풀타임을 소화한 적이 없다. 축구선수로서 살아 있다고 느꼈다. 그게 가장 행복하다. 이런 선물은 어디에서도 못 받을 것 같다. 올 시즌을 정리할 때는 긍정적으로 쓸 게 많을 것 같다.

- 부모님도 기뻐하셨을 것 같다. 직접 현지에서 경기를 보셨나?

몇 차례 오셨다. 부모님께 좋은 모습 보여드려 기쁘다. 항상 아픈 모습을 보여드렸었는데, 올 시즌에는 다치지 않았다. 부모님도 다치지 않고 축구 하는 게 보기 좋다고 하셨다. 부모님이 이렇게 많이 웃으시는 걸 본 적이 없었다.

연변장백산축ㄷ
延边长白山足球

2015년58동ㅅ중국축구협회갑급
2015年58同城中国足球协会甲級

滑雪 现雪酒店 尽在梦都美   滑雪 现雪酒店 尽在梦都美

2장 —

축구는 왜

연변의 종교인가

축구는 연변의 종교다

연변이 2015년 기적 같은 성적을 거두면서 필자에게도 계속
해서 연변으로 갈 기회가 생겼다. 자주는 아니지만 1년에 3~4번
정도는 연변으로 갈 기회가 생겼다. 시간이 지나면서 마음을 열고
만날 수 있는 친구들도 늘어났다. 친구들에게 직접 들은 이야기는
연변 사회와 연변 축구를 이해하는데 큰 도움이 됐다.

친구들을 만날 수 있었던 결정적인 계기는 2016년 2월에 있었
던 연변팀의 일본 가고시마 전지훈련 취재 중에 있었다. 가고시마
전지훈련을 취재하던 도중 일본에 사는 연변 팬들, 정확히는 재일
조선족 축구 협회에서 전지훈련지를 정식으로 방문한다는 이야
기를 들었다. 재일 조선족 축구 협회가 있다는 것에 한 번 놀랐고,

도쿄에서 가고시마까지 날아온다는 것에 다시 놀랐다. 심지어 첫 번째 방문도 아니었다. 처음에는 김치를 들고 찾아왔었고, 두 번째는 600만 원짜리 참치를 들고 온다고 했다. 이 과정에서 일본에서 뿌리를 내린 재일 조선족들은 사업이나 학업에서 성공한 이들이 대부분이라는 사실도 알게 됐다. 600만 원짜리 참치 한 마리는 '미스터 초밥왕' 같은 일본 만화에서나 보던 것이었다.

재일 조선족 사회도 박태하와 연변 축구 때문에 들끓었던 것이다. 느슨하게 연결돼 있었던 재일 조선족들은 축구를 통해 다시 끈끈하게 뭉치게 됐고, 재일 조선족 축구 협회까지 만들었다. 나중에 알고 보니 이날도 훈련장을 방문하기 위한 경쟁이 치열했다고 한다.

그 날, 연변팀은 나나미 히로시 감독이 이끄는 주빌로이와타팀과 경기를 했다. 박태하 감독과 나나미 감독은 구면이었다. 박 감독이 FC서울 수석코치를 할 때 나나미 감독이 연수를 왔었던 것이다. 두 감독은 보자마자 반갑게 인사를 나눴다. 필자는 박지성과 함께 교토 퍼플 상가에서 뛰었던 마쓰이 다이스케를 만나 인터뷰를 하기도 했다. 마쓰이 인터뷰를 마친 뒤 잠시 경기장 안쪽으로 들어가려는데 관중석 위에서 한 남자가 필자를 불렀다.

"혹시 류청 기자님 아니세요?"

정말 깜짝 놀랐다. 분명히 재일 조선족 축구 협회에서 방문한다고 했었다. 필자를 알아볼 리가 없었다. 엉겁결에 "맞습니다."라고 답하자 연변 축구팬인데 기사를 잘 보고 있다는 이야기가 돌아왔다. 기사를 보고 있었다는 말에 정말 깜짝 놀랐다. 기자는 독자를 가정하고 글을 쓴다. 2007년 처음으로 기사를 쓴 이후로 필자가 상정한 독자는 한국인 혹은 한국에 머무르는 사람이었다. 고민할 필요도 없는 문제였다. "기사를 잘 보고 있다"는 말을 듣고, 그날 저녁 가고시마를 찾은 재일 조선족 축구 협회 사람들을 만나면서 전혀 생각지도 않았던 고민이 생겼다. 그전까지 필자가 썼던 연변 기사들을 다시 찾아 읽었다. 혹시 모를 비하적인 표현을 쓰지 않았을까, 편견에 사로잡혀 쓴 글은 없었을까, 성급하게 일반화하지는 않았을까…

이 일로 말과 글을 공유한다는 게 얼마나 큰 의미인지 다시 한번 깨달았다. 말이 통한다는 건 서로가 속내를 털어놓을 수 있다는 좋은 측면도 있지만, 무심코 던진 말이나 글에 생각지도 못했던 상처가 생기는 나쁜 측면도 지니고 있다. 필자를 포함해 한국에 사는 대부분의 사람들은 후자에 대한 생각은 하지 못하고 살아가고 있다. 연변에 가서 듣는 한국에 대한 나쁜 이야기는 여기서 생기는 간극에서 비롯된 게 많을 것이다. 한국에서는 아무 성찰 없이 던진 돌에 연변 사람들이 맞는 것이다. 필자도 연변 축구가 아니었다면, 계속된 만남이 아니었다면 그 사실을 전혀 알지 못했을 것이다. 늦게나마 연변 축구를 통해 연변 사회를 알아 가는 게 다행이라는 생각이 들었다. 그리고 한국과 연변 사이에 있는 큰 틈을 축구를 통해 조금이라도 메워 보고 싶다는 목표도 갖게 됐다.

가고시마 경기장에서 필자를 알아본 이는 도쿄대 당시 석사과정에 있는 홍용일 씨였다. 용일 씨는 이후로 연변과 필자를 잇는 다리가 되어 줬다. 연변에 있는 친구들을 소개해준 이도 바로 용일 씨였다. 그 덕에 연변을 좀 더 가까이서 바라볼 수 있게 됐다.

하태균, 슈퍼리그에 연변 복귀를 알리다

박태하 감독은 2016시즌을 준비하면서 남다른 결정을 내렸다. 연변팀이 슈퍼리그에 진출하면서 중국 5대 생명 보험사 중 하나인 푸더 그룹이 연변팀을 후원하게 됐다. 살림살이가 많이 나아졌다. 일본 가고시마 전지훈련에 제주도 전지훈련까지 할 수 있게 됐다. 그 와중에 박 감독은 값비싼 외국인 선수가 아닌 한국 선수 2명을 더 영입했다. 제주유나이티드에서 뛰던 윤빛가람과 포항스틸러스 출신 김승대를 동시에 영입했다. 하태균과 감비아 대표 스티브는 잔류시켰고, 남은 한 자리는 세르비아 출신 수비수 니콜라 페트코비치로 채웠다. 모두들 박 감독 결정에 놀랐다. 필자도 마찬가지였다. 다른 팀에서는 유럽에서 뛰던 세계적인 선수들을 영입하고 있었다. 광저우헝다팀은 토트넘홋스퍼에서 뛰던 파울리뉴를 데려왔고, 허베이화샤팀은 에세키엘 라베치와 제르비뉴를 영입했다.

박 감독에게 왜 세계적인 스트라이커를 영입하지 않느냐고 물었다. 박 감독은 "제르비뉴 같은 선수를 영입하는 게 하나도 부럽지 않습니다. 축구는 하모니입니다."라는 멋들어진 표현으로 답했다. "축구는 단체 운동입니다. 그리고 연변과 같은 팀에서는 튀는 선수보다는 팀 내 융화가 더더욱 중요해요. 세계적인 선수를 큰 돈을 들여 영입했다면 다른 선수들이 위화감을 느낄 수도 있을 겁니다. 게다가 윤빛가람과 김승대 그리고 하태균이 다른 유명선수들과 비교해서 그렇게 떨어진다고 생각하지 않아요. 선수가 유명하고 몸값이 높다고 해서 좋은 축구를 한다는 보장은 없습니다. 제가 생각하는 축구를 하기 위한 최적의 선수들을 모았습니다. 중국 슈퍼리그에는 윤빛가람, 김승대 같은 유형의 선수가 많지 않아요. 하태균을 기둥으로 좋은 시너지를 낼 수 있을 겁니다."

이미 연변에서 박 감독과 함께 생활했던 하태균도 같은 생각이었다. 그는 "감독님 생각을 100% 이해할 수는 없지만, 감독님은 특별한 선수를 영입하면 팀의 조화가 깨질 거라고 생각하신 것 같아요. 그 결정이 맞는 것 같습니다. 연변은 팀 전체가 똘똘 뭉쳐서 나가는 팀이에요. 하나가 되는 것보다 중요한 것은 없습니다. 저희 팀 선수들은 다른 팀에서 세계적인 스타를 영입한다고 해서 부러워하지 않아요. 지난해에도 잔류가 목표였는데 우승했습니다. 올해도 몰라요. 초반만 잘 버티면 다음은 무슨 일이 생길지 모릅니다."

박 감독과 하태균이 은근한 자신감을 보였지만, 개막이 다가올수록 불안감이 조금씩 생겼다. 첫 상대가 호화군단을 거느린 상하이선화팀이기 때문이기도 했다. 상하이선화팀은 2016시즌을 앞두고 전북현대에서 뛰던 김기희를 이적료 70억 원에 영입하기도 했다. 콜롬비아 대표팀 출신 모레노와 구아린, 나이지리아 대표 오바페미 마틴스, 첼시에서 뛰던 뎀바 바까지 보유하고 있었다. 게다가 상하이선화팀 홈경기장인 홍커우 경기장은 중국에 몇 개 없는 축구전용구장이었다. 김혁중 분석관도 "아무래도 쉽지 않을 것 같습니다. 상하이 공격이 정말 좋더라고요. 저희 선수들은 오히려 축구 전용 구장에 가면 적응하는데 애를 먹기도 하거든요. 그래도 전반만 잘 버티면 기회가 있을 것 같아요."라며 걱정하기도 했다.

2016년 3월 5일, 상하이 홍커우 경기장은 푸르렀다. 상하이선화팀 유니폼 색상이 파란색이기 때문이다. 푸른 경기장 사이에서

붉은색 점이 있었다. 슈퍼리그 진출에 환호한 연변 팬들이 경기장에 많이 모였다. 박 감독은 하태균과 김승대 그리고 윤빛가람을 모두 선발로 내보냈다. 전반에는 상하이선화팀이 경기를 주도했다. 아무래도 뎀바 바와 모레노 그리고 구아린이 지닌 실력을 무시할 수 없었다. 연변은 위기를 넘기면서 전반을 0:0으로 마쳤다.

후반 9분, 믿을 수 없는 일이 일어났다. 배육문이 내준 전진 패스를 하태균이 침투한 뒤 발리슛으로 마무리했다. 아무도 예상하지 못한 일이었다. 골을 터뜨린 하태균과 선수들은 물론이고 박 감독과 벤치에서도 난리가 났다. 팬들도 마찬가지였다. 팬들은 역사적인 CSL 데뷔전에서 나온 선제골에 환호하다 못해 뒤집어 졌다. 이 순간은 연변 축구 역사에 길이 남았다. 이후 만난 많은 팬들은 이 순간을 잊지 못하고 있었다.

"당시 저는 상하이에 있었고 장저후 연변 축구 팬클럽 팬들과 함께 원정석에서 경기를 봤습니다. 하태균 선수가 첫 골을 터뜨린 후에 팬들과 함께 꺅꺅하면서 좋아하다가 갑자기 목이 메이고 눈물이 왈칵 쏟아져서 입을 틀어막고 조용히 혼자 울었습니다. 지금 생각하면 왜 울었는지 모르겠습니다. 그냥 순간의 감정에 충실했던 것 같습니다." 김희(34, 한국 거주)

▲2016년 3월 5일 슈퍼리그 개막전, 하태균 골

"워초우(중국 욕)! 들어갔어? 위에웨이(오프사이드) 아니지? 하하하 골이 맞다. 하하하하! 너무 흥분해서 욕이 나올 정도였어요." 박천일(35세, 연길 거주)

"하태균이 골을 넣기 전까지 속된 말로 '쫄아'있었습니다. 골을 넣고 이길 수 있느냐는 두 번째 관심사였고, 슈퍼리그 팀들이 보유한 초특급 외국인 선수들의 공세를 버틸 수 있을지 걱정이었습니다. 그 와중에 배육문 패스를 받은 하태균이 슛으로 연결해 골을 넣었어요. 환호보다는 멍했습니다. 머리를 한대 맞은 느낌이었어요. '왜 저게 들어가지?'라는 느낌이었어요. 이러면 안 되는 것 같았어요. '우리가 골을 넣어도 되나? 오프사이드 아닌가? 이건 현실적이지 않은데?' 갑자기 행운이 하늘에서 떨어지면 믿지 못한다는 말의 뜻을 그날 절실하게 느꼈습니다. 이런 잡생각이 지나간 후 거대한 격정과 환호를 느꼈어요. 머리 속이 하얗게 변했죠. 미쳤던 것 같아요." 김호(37세, 연길 거주)

"생중계는 못 봤어요. 컴퓨터 앞에 앉아서 녹화로 경기를 보는데 혼자 난리를 쳤어요. 너무 좋아서요. 일본에서는 크게 소리치면 옆집에 들리기 때문에 크게 소리 지르지는 못 했지만 정말 좋았습니다. '중국 국민 여러분 이게 조선족 축구입니다!'라고 말하고 싶은 느낌이었어요." 석룡(32, 일본 오사카 거주)

"하, 아직도 기억에 생생합니다…. 갑급리그에서는 미리부터 승격에 우승까지 많은 것을 이뤘었지만, 15년 만에 돌아온 최정상 리그에서 어떤 모습을 보일까 걱정했습니다. 윤빛가람 등 새 외국인 선수도 합류했고 박태하 감독님도 계시니 어련히 준비도 잘하셨으리라는 기대감도 있었죠. 약 두 달 만에 다시 우리 앞에 나타난 연변팀은 기대 이상의 경기력을 보였고 드디어 하신(하태균 별명)이 선제골을 넣었습니다. 기대 그 이상의 기쁨과 감동을 넘어 행복감을 느끼고, 연변 팬이라는 이유만으로 긍지감까지 느꼈었지요. 비록 그 뒤에 동점골을 내주긴 했지만 (김)승대의 슈팅이 문대(골대)에 맞아나오고 윤빛가람의 슈팅이 빗나가는 등 경기력은 우리가 더 나았어요. 너무나 의미 깊고 행복했던 경기였습니다." 김성무(42, 연길 거주)

"비속어를 좀 쓰겠습니다. 'XX, 연변이 돌아왔다! 우리가 돌아왔다!' 이 시간을 얼마나 기다렸는지 모릅니다. 제 아이에게 전해 줄 수 있는 자부심이 하나 늘어났다고 생각했어요. 환호하고 열광하는 현장 팬들과 마찬가지로 표현하기 어려운 감정이 북받쳤어요. 아직도 고향을 그리워하고 있다는 것도 깨달았습니다." 리진광(32, 일본 도쿄 거주)

"생방송을 봤습니다. 당나라에 굴하지 않고 강한 펀치를 날린 연개소문 장군이 떠오르는, 홍삼 사이다 같은 선제골이었어요." 김서(연길 거주)

"현장에서 지인과 함께 경기 과정을 촬영하느라 골이 들어간 줄도 미처 모르고 있었습니다. 골을 인지한 순간 주위에 있는 조선족 팬들과 손을 마주잡고 얼싸안고 난리도 아니었어요. 모르는 사이었지만 문제 없었습니다. 머리 속에 각인된 것처럼 아직도 생생하고 여운이 깊네요." 오경철

"다롄 친구 집에서 친구들과 모여 맥주에 안주를 푸짐히 차리고 티브이로 생방송을 봤습니다. 하태균의 골이 들어간 순간 오프사이드는 아닌지, 다른 반칙은 아닌지 멍하니 화면만 보다가 하태균의 세리머니와 심판의 정확한 골인 손동작과 화면에 나오는 '상하이선화 0:1 연변푸더' 스코어를 보고 골

을 확신했습니다. 거실 바닥에 상 차린 우리는 마치 현장에 있는 듯 친구들 모두가 용수철마냥 뛰어 일어나 부둥켜 안고 소리를 질렀죠. 오른 주먹을 배 앞으로 내밀며 포효하는 하태균 모습 그립고 또 그립습니다." 김호걸(37, 다롄 거주)

"경기 내내 긴장해서 손을 모아 쥐고 있었습니다. 갑자기 골이 들어간 것 같았어요. 잘못 본 줄 알고 옆 사람에게 골이 맞느냐고 물어 보니 옆 사람도 그런 것 같다고만 하더라고요. 이후에 골을 확실하게 확인하고 정말 그냥 좋은 정도가 아니라 현실이 믿어지지 않을 정도였어요. 하태균이 너무 고맙고 예쁘더라고요. 감독님이 기뻐하는 모습을 보니 더 기뻤고요. 우리가 슈퍼리그에서도 통하는구나. '봐라 이것들아! 올 시즌이 잘 풀리겠구나.'라는 생각도 들었고요. 복합적인 감정이었습니다." 오수란(37세, 연길 거주)

골을 넣은 연변팀은 상하이선화팀을 더 강하게 몰아 붙였다. 이후 또 한 번 결정적인 기회가 나왔다. 하지만 이번에는 김승대가 쉬운 장면에서 골을 넣지 못했다. 연변팀은 이후 상하이선화팀과 치열하게 맞서 싸웠다. 후반 43분에 뎀바 바에게 페널티킥으로 동점을 내주긴 했으나 원정 개막전에서 승점 1점을 챙겼다. 무엇보

다도 2015시즌에 기적을 일으키고 온 연변이 슈퍼리그 무대에서
도 경쟁력이 있다는 것을 증명한 게 중요했다.

경기 끝나고 묘한 기분이 들었다. 연변팀이 원정에서 무승부를
거둔 것도 그랬고, 그 골을 하태균이 넣었다는 것도 그랬다. 사실
하태균은 2015시즌이 끝난 뒤 팀을 떠날 수도 있었다. 연변에서
보내려 한 것은 아니었다. 박 감독은 우승을 차지하자마자 하태균
을 남기기로 결정했었다. 다른 팀에서 많은 오퍼가 왔었다. 몇몇
갑급리그(2부 리그) 팀은 하태균에게 연봉 15억 원을 제시하기도
했었다. 박 감독은 그때만큼은 강하게 나갔다. 하태균 에이전트에
게 직접 전화를 해 하태균을 절대 이적시키지 않겠다고 못을 박았
다. 물론 하태균도 연변에 남길 바랐었다. 믿음과 믿음이 만나 엄
청난 일을 다시 한 번 일으켰다.

연변팀은 2라운드 장쑤쑤닝팀에 1:2로 진 뒤 3라운드에 첫 승
을 거뒀다. 홈 개막전에서 수도 팀인 베이징궈안을 1:0으로 이겼
다. 당시 베이징궈안팀 감독은 바로 전까지 일본 대표팀을 맡았던
알베르토 자케로니였다. 이때도 하태균이 골을 터트렸다. 하태균
은 전반 17분에 오영춘 크로스를 헤딩으로 연결해 베이징궈안팀
의 골망을 갈랐다. 박 감독과 하태균은 2015년에 이어 2016년에
도 함께 역사를 만들어 갔다. 박 감독도 이날만큼은 환희를 감추
지 못했다. "사실 연변 사람들이 수도 팀을 이겼다는 것에 큰 의미

를 두고 있는 걸 알고 있었습니다. 저도 홈에서 한 첫 경기에서 이
기니 좋습니다. 우리 선수들이 가능성이 있다고 이야기했었는데,
그 가능성을 실제 경기에서 봤으니까요."

팬심은 그야말로 들썩였다. 연변은 1부 리그 무대에서 16년 만
에 홈 승리를 거뒀기 때문이다. 안방에서 16년 만에 승리를 본 팬
들은 축제를 만끽했다. 많은 팬들이 경기장을 찾았기 때문에 경
기가 끝난 후 1시간이 넘도록 교통 정체가 풀리지 않았을 정도다.
연변 조선족 자치주 정부에서도 이날 승리에 감격했다. 연변 조선
족 자치주 수반인 주장이 박 감독을 따로 불러 저녁 식사를 대접
했을 정도다. 나중에 안 사실이지만 워낙 많은 팬들이 경기장을
찾았기에 박 감독도 교통 정체 때문에 자치주장과의 약속 시간을
지키는데 애를 먹었다고 한다. 박 감독은 자치주장과 만난 자리에
서 주장이 필요한 것을 묻자 경기장 잔디가 좋지 않다고 이야기
했다고 한다. 자치주장은 그 다음날로 경기장 잔디를 모두 바꾸는
공사를 지시했다. 연변 축구는 모든 걸 풀 수 있는 열쇠가 돼 가고
있었다. 여담이지만, 경기장 잔디를 교체하던 날에 수많은 메시지
를 받았다. 연변에 있는 친구들은 잔디를 교체하는 사진을 필자에
게 보내며 기쁨을 감추지 못했다.

연변에 묻힌 우리 축구역사

2016년 봄에 연변 축구가 보여 준 맵짠(솜씨가 좋다, 멋지다는 뜻의 우리말, 연변에서는 현재도 통용된다) 모습을 본 이후 욕심이 조금 생겼다. 이 좋은 소재를 놓치기 싫었다. 매일 글을 쓰고, 글을 파는 사람으로서 욕심이 생겼다. 연변 기사를 많이 쓰다 보니 재미있는 정보도 많이 얻었다. 연변이나 한국 축구 뿌리에 관한 조각을 가지고 있었지만, 그 동안 의미를 찾지 못했던 이들이 이야기를 들려주는 일이 많아졌다.

가장 흥미로운 이야기는 이종성 한양대 글로벌 스포츠 산업과 교수가 들려준 옛날 이야기였다. 옛날 이야기에는 워낙 사족을 못 쓰는데다 축구와 연변 그리고 일제 시대가 함께 등장했기에 들으면서 상당히 몰입했다. 이 교수는 일제 강점기에도 우리 민족이 축구와 매우 밀접한 관계를 맺었으며 축구 실력에 관한 자부심도 컸었다고 했다. 또한 북쪽에 있는 지방이 축구에 상당히 관심이 컸으며 간도라 불렸던 현재 연변도 그랬다고 말해 줬다. 민족 최고 시인으로 꼽히는 윤동주도 축구 선수라는 기록이 남아 있다는 말을 듣고는 가슴이 뛰었다. 용정에 있는 윤동주 시인 생가를 보고 온 지 얼마 되지 않은 시기였기에 더 그랬을 수도 있겠다.

영화 소재로 쓸 만한 것들도 많았다. 이 교수는 "사실 고증이 제대로 됐었다면 많은 관객을 모았던 '암살'에서 신흥 무관 학교를 다닌 속사포가 한 운동이 테니스가 아닌 축구가 됐을 것"이라고 말하기도 했다. 신흥 무관 학교(현 경희 대학교)는 공식 과목으로 축구를 지정했었기 때문이다. 김구 임시 정부 주석의 통역으로 맹활약하며 중국 정계에서도 영향력이 있었던 안원생 선생은 축구 선수로도 엄청난 유명세를 탔던 이었다. 안원생 선생의 친삼촌은 안중근 의사였다.

그저 듣고 "재미있네요."라고 말하고 넘어가기 어려웠다. 더 취재를 하고 싶었다. 우리 역사는 구멍이 너무 많다고 생각하고 있었기에 축구 역사라도 제대로 찾아보고 싶었다. 궁리 끝에 다음카카오에서 운영하던 '스토리 펀딩'이라는 플랫폼을 통해 기사를 쓰고 펀딩을 받기로 했다. 연변뿐 아니라 일본도 직접 찾아 취재를 할 생각이었다. 회사 대표와 동료들도 의미 있는 콘텐츠이면서 시장성도 있다고 힘을 모아 줬다.

주변에 있는 사람들에게 상담을 한 결과도 비슷했다. 취재비가 많이 들고 의미도 있기 때문에 대한 축구 협회가 나서야 하는 게 아니냐는 의견도 많았다. 대한 축구 협회가 관심을 가지지 않을 것을 어느 정도 예상하면서도 이 부분에 관계된 중간 관리자에게 전화를 걸었다. 어떻게 생각하는지 알고 싶은 마음으로 사정을 이야기했다. 그는 좋은 아이템이지만 지금 대한 축구 협회는 A매치

기록도 제대로 모으지 못한 상황이라고 말해 줬다.

취재 계획을 세우면서 연변 취재 일정도 짰다. 윤동주 시인 모교인 대성 중학교(현재 용정일중)를 취재하고, 옛 대성 학교 터에 세워진 윤동주 기념관도 가볼 예정이었다. 그런데 문제가 있었다. 용정까지는 택시를 타고 간다고 해도 대성 중학교에서 교장 선생님이나 관계자를 만나 볼 방법이 떠오르지 않았다. 방법은 하나밖에 없어 보였다. 일본 가고시마에서 만났던 홍용일 씨에게 연락을 했다. 용일 씨는 걱정하지 말라며 일정을 알려 달라고 했고, 며칠 지나지 않아 "걱정하지 말고 연변으로 가시면 됩니다. 귀한 분이 도움을 주실 거예요."라는 답을 줬다.

연변에서 만난 첫 번째 거절

2016년 5월, 연변과 두 번째로 만났다. 첫 번째 방문했을 때보다 축구를 향한 열기는 더 뜨거워져 있었다. 원정으로 치렀던 '2016 중국 슈퍼리그' 개막전에서 상하이선화팀을 상대로 선제골을 넣으며 무승부를 거뒀던 환희가 아직도 남아 있는 듯 했다. 경기도 경기였지만 대성 중학교를 찾아 교장 선생님을 만나는 게 가장 중요했다. 교장 선생님에게 윤동주 시인에 관한 이야기와 연변에서 축구가 어떤 의미인지를 들어야 했다. 이야기가 잘 되면 한

▲윤동주 모교

국 학교와 교류까지도 이야기를 하려고 했었다.

숙소인 백산 호텔 로비에서 취재를 도와 줄 이를 처음으로 만났다. 연변 대학교에서 대학생들을 가르치고 있는 윤준호 교수였다. 윤 교수는 자신이 용정일중 출신인 것이 도움이 될 수도 있다고 말했다. 그는 대전에서 유학 생활을 했다는 이야기도 했다. 용정으로 가는 길은 생각보다 짧았다. 30분 정도 달려 윤동주 시인이 다녔던 학교에 들어섰다. 이제 옛 교사는 기념관으로 쓰이고 있었고, 새로운 학교 건물이 그 옆에 들어서 있었다. 운동장에서는 학생들이 축구를 하고 있었다. 무언가 징조가 좋아 보였다.

윤 교수와 교장실로 갔다. 부교장(교감) 선생님이 우리를 맞아 줬다. 인사를 한 뒤 교장실로 들어갔다. 교장 선생님은 한국에서 왔냐고 물은 뒤 윤 교수와 이야기를 나눴다. 알고 보니 윤 교수가 학교 다닐 때 계셨던 선생님이 교장 선생님이 된 것이었다. 느낌이 더 좋아지는 듯 했다. 교장 선생님은 필자에게 "그래서 뭘 취재하러 오셨다고요?"라고 물었다. 간략하게 취재 목적을 이야기하면서 아주 잘되면 교류까지도 했으면 좋겠다고 이야기하자 교장 선생님 얼굴이 갑자기 달라졌다.

"뜻은 잘 알겠는데 저희와 뭘 할 것은 없어 보입니다. 우리가 도움을 받거나 교류를 할 일이 있다면 박태하 감독님을 통해서 하겠습니다. 우리에게는 민족 교육이 제일 중요한데 한국 기자들이 취재를 하고 가면 제멋대로 기사를 쓰는 바람에 우리 상황이 참 난처한 적이 많았어요. 여기까지 먼 걸음을 하셨지만 미안하게 됐습니다. 윤동주 박물관은 열려 있으니 돌아보시고, 조심히 돌아가십시오."

너무나 빠르고 명확한 거절에 어리둥절해졌다. 소개해준 사람 체면을 고려해 제안을 바로 거절하지는 않았던 것이었다. 더 말해봐도 소용없다는 것을 알기에 인사를 하고 나왔다. 윤 교수도 놀랐는지 말이 없었다. 짐짓 표정을 밝게 하고 옛 교사에 있는 윤동주 박물관을 둘러봤다. 처음에 박물관을 둘러봤다면 감회가 새로 웠겠지만, 취재 계획이 완전히 어그러진 뒤에 박물관을 돌아보니 눈에 제대로 들어오는 게 없었다. 뭘 어떻게 해야 할 지 감이 오지 않았다.

윤 교수는 돌아가는 길에 백종원이 칭찬한 집보다 더 맛있는 투도온면을 먹고 가자고 했다. 몇 차례 사양했으나 계속 거절을 할 수 없어 투도온면집으로 갔다. 윤 교수는 "기자님 저도 놀랐습니다. 그래도 너무 기분 나빠하지 마세요. 저분들도 사정이 있는 것 같습니다"라고 말했다. 따뜻한 면발과 국물이 몸 속으로 들어가자 어느 정도 머리가 돌아가기 시작했다. 그분들을 어느 정도는 이해할 수 있었다.

윤동주의 모교에서 교편을 잡으면서 얼마나 많은 한국 기자를 만났겠는가. 방문 목적이 분명하고 말도 통하는 기자에게 친절을 베풀었을 것이다. 그런데 나중에 쓴 기사를 보면 너무 일방적이라고 느꼈을 수도 있었을 것이다. 연변에 5년간 드나든 지금도 연변이라는 땅과 그 문화 그리고 사람들의 생각을 제대로 이해한다고 말하기 어렵다. 그런데 연변을 한 번 방문한 뒤 그것도 한국의 기준으로 쓴 기사를 연변의 기준으로는 받아들이기 어려웠을 가능성이 크다. 그 기자가 나쁘게 쓰지 않았더라도 기분이 나쁠 수 있다는 이야기다. 아무리 축구를 통해 연변을 재방문하고, 자신의

103

제자와 함께 왔었더라도 필자를 바로 믿을 수는 없었을 것이다. 그렇다면 안전한 선택을 내리는 게 합리적이다.

그 일을 겪은 후 조금 더 연변을 잘 이해하고 싶다는 생각이 들었다. 한국과 연변의 관계는 각각의 자리에서 일방적이었다. 서로가 선 곳을 이해하지 못하고 인정하지 못하다 보니 간극이 클 수밖에 없었던 것 같았다. 지금은 없어서 못 먹는 투도온면을 처음 접했을 때는 그다지 인상적이지 않았던 것과 비슷한 맥락이라고 할 수 있다. 한국과 연변, 연변과 한국 사이는 이해 없는 오감 속에서 짐작보다 더 멀어져 있었다. 윤 교수와 함께 연길로 돌아갔다. 이후에는 홍용일 씨가 소개해준 나머지 친구들을 만나기로 했기 때문이다. 사실 윤 교수 차를 타고 연길로 가면서 또 다시 거절당하지는 않을까라는 불안감도 생겼다.

조선족으로 살겠다는 다짐

연길에서 가장 번화가인 연변 대학교 앞에서 용일 씨가 소개해준 또 다른 이들을 만났다. 작가인 모동필 씨와 사업가 김호 씨, 그리고 회사원 박천일 씨와 인사를 나눴다. (이 자리가 끝난 뒤, 다음 날에는 출판사에 다니는 오수란 씨도 함께 만났다. 수란 씨는 유일한 여성이었다.) 필자와 비슷한 또래로 보이는 이들과 인사를 나눈 뒤 근처에 있는 중국식 샤브샤브집(훠궈)으로 들어갔다. 인사는 반갑게 나눴으나 서른 중반인 남자 다섯 명이 방에 들어가 있으니 분위기는 어색할 수밖에 없었다. 음식을 먹고 술이 몸에 조금 들어간 이후에야 대화가 술술 풀리기 시작했다.

알고 보니 이들도 원래부터 친한 사이는 아니었다. 모두 용정 출신으로 같은 학교에 다녔으나 연변축구가 2015년에 다시 부흥한 이후 온라인 활동을 통해 제대로 만났다고 했다. 메신저 위챗을 비롯해 바이두(중국 검색 포털 사이트)에 있는 테바(네이버 카페와 비슷한 기능)에서 연변 축구를 주제로 소통하다가 직접 만난 것이다. 이들은 연변뿐 아니라 조선족 동포 사회가 2015년을 기점으로 다시 뭉치기 시작했다고 말했다.

상징성이 큰 축구가 연변과 조선족 동포 사회를 크게 움직인 것이다. 한때 연변 조선족 자치주에는 조선족이 200만 명까지 살았으나 더 좋은 생활과 일자리를 찾기 위해 대도시로 이주를 가속화하면서 현재는 50만 명 정도밖에 남아 있지 않다. 베이징과 상하이 그리고 광저우와 같은 대도시에 나가 있는 조선족들은 정체성을 드러내려 하지 않았다. 공동체 의식도 희박해졌다. 이런 상황에서 2015년 연변이 갑급리그에서 우승하며 조선족 커뮤니티 활동이 활발해지기 시작했고, 연변 팬들은 각 구단 최다 원정팬 기록을 바꿨다. 하태균은 연변에서 보낸 1년에 관한 인터뷰를 할 때

"정말 원정팬 규모가 어마어마하다."라고 놀라기도 했었다.

축구가 조선족 관계 형성에 촉매제가 되면서 조직과 사회적인 움직임이 기하급수적으로 늘어났다. 연변뿐 아니라 중국 다른 지역이나 한국, 일본과 같은 곳에서도 조선족 사회가 술렁였다. 2016년 2월에 가고시마에서 만났던 재일본 조선족 축구 협회도 이런 맥락 속에서 태어났다. 일본으로 이주해 힘든 과정을 이겨 낸 사업가들이 주축이 돼 축구 협회를 세웠다. 축구가 소원해졌던 관계와 희석됐던 정체성을 다시 일으켰다.

30대 중반, 각자 자리에서 나름대로 자리를 잡은 네 남자는 각자의 이야기를 솔직하게 들려줬다. 빛깔은 조금씩 달랐지만 맥락은 거의 비슷했다. 태어나 일정한 시기가 될 때까지, 주로 연변에서 생활할 때는 조선족이라는 정체성을 자각하지 못했으나 타지나 외국으로 나가 공부하거나 일을 하면서 급격하게 정체성에 대한 고민을 많이 했다는 것이다. 모두 어린 시절에 故 최은택 교수가 이끄는 연변 축구에 열광하다가 갑작스러운 추락에 마음 아파했던 것도 같다.

이들은 연변 축구 황금 세대로 통하는 1985~1986년생 이야기를 해줬다. 같은 연령대에 7명이 중국 청소년 대표로 활약할 정도로 뛰어난 세대였지만, 프로 선수가 된 이는 하나도 없다. 2000년 강등과 함께 팀이 항저우뤼청팀에 팔리면서 이 선수들은 어린 시기에 타지 생활을 하게 된 게 문제였다. 이후로도 연변은 좋은 선수들을 키워 내지 못했다. 그나마도 故 최은택 감독이 만든 축구붐을 마지막으로 겪었던 1983~1984년 생들은 팀의 승격을 돕고 선수 생활 황혼기를 맞이하고 있었다. 이들과 동시대에 살았던 네 남자는 연변 축구가 다시 부흥하는 것을 보면서 가슴이 뜨거워질 수밖에 없었다.

"우리에게는 종교가 없습니다. 정체성으로 내세울 만한 것도, 구심점도 없어요. 우리에게 구심점이라 할 수 있는 것은 축구밖에 없습니다. 아주 좋은 성적은 아니더라도 축구가 이런 흐름을 유지해야 조선족 사회도 좋은 방향으로 흘러갈 수 있어요. 우리는 중국과 한국에서 모두 제대로 평가 받지 못하지만, 자부심이 하나 있습니다. 바로 우리 말과 글을 지키고 있다는 거예요. 타지에서는 우리 말 교육을 받지 못합니다. 아이들 우리말 교육을 위해 연변으로 돌아오는 이들도 있습니다. 앞으로도 이것을 지키려면 연변과 연변 축구가 필요합니다." (연변팀 팬 김호)

이들이 하는 이야기를 들으면서 가슴이 뜨거워졌다. 필자는 한국에서 태어나 먹고 사는 문제에 관해서는 고민을 해봤지만 정체성에 대해서는 큰 고민을 하지 않고 살아왔다. 축구는 즐거움과 맞닿아 있는 스포츠라고 생각했다. 이들에게 축구는 정체성이자 종교였다. 그제서야 연변 사람들이 만날 때마다 아무런 공로도 없는 필자에게 호의를 베풀며 "박태하 감독님을 지켜 주세요."라고 했던 이유를 어느 정도 이해할 수 있었다. 축구가 흔들리면 꿈틀대고 있는 연변 사회가 움직임을 멈출 수 있다는 근심이 기저에 깔려 있었다.

"팬들은 박 감독이 아니면 이러한 좋은 흐름을 이어 가지 못할 거라고 믿습니다. 다른 사람이 지휘봉을 잡으면 다시 예전으로 돌아갈까 봐 두려운 거예요."

10년 넘게 취재하면서 축구가 사회와 이렇게 밀접한 영향을 맺은 것은 보지 못했다. 축구가 사회를 움직일 수 있다는 것을 연변 말고 누가 증명할 수 있을까. 연변 축구가 겪은 부침 속에 연변의 오르내림이 있었다. 물론 전부는 아니었겠지만, 많은 연변 팬들은 연변과 연변 축구가 다시 어두웠던 예전으로 돌아가는 것을 원치 않는 것 같았다. 그 중심에는 박태하 감독이 있었다. 술자리가 무르익었을 때 한 사람이 말했다.

"사실 감독님은 우리가 이렇게 감독님을 좋아하는지 모르실 겁니다. 감독은 모르셔도 됩니다. 그냥 그 자리에 계시면 됩니다. 박태하 감독님 한 5년만 더 하시면 안될까요?"

이 말은 연변팀과 이후의 상황을 이해하는 데 큰 도움을 줬다. 어려운 상황이 닥칠 때마다 많은 연변 팬들이 박 감독을 지키려고 나섰던 이유가 여기 있었다. 박 감독이 아무도 예상하지 못한 일을 했기 때문이기도 했지만, 박 감독은 암울했던 과거에 선을 그은 상징적인 인물이었다. 게다가 故 최은택 교수를 떠올리게 하는 면도 많았다. 2017시즌 연변이 15위에 그치며 강등됐을 때, 이 말은 빛을 발했다. 몇몇 팬들은 박 감독을 비난하는 다른 팬들에 완강하게 맞섰다. 박 감독 자신도 "팬들이 제게 너무 관대합니다." 라고 말했을 정도다.

시간이 갈수록 어색함은 줄어들었고, 동질감은 늘어났다. 거의 같은 시기에 다른 곳에서 태어났으나 같은 말을 쓰는 친구들을 만나서 솔직한 이야기를 들으면서 연변과 연변 축구에 대한 이해를 넓혀 갈 수 있었다. 이후에 몇몇 친구가 그 대화방에 더 들어왔다. 이 친구들도 조금씩 다른 빛깔을 지녔지만 연변 축구에 대해서는 한결같은 마음을 가지고 있다. 이렇게 만난 친구들은 지금까지도 연변으로 가는 문 역할을 감당해주고 있다.

재미있는 것은 이 친구들이 필자보다 한국 사회 흐름과 문화에 관해 더 예민하다는 것이다. 특히 드라마나 영화에 관한 관심은 매우 크다. 드라마를 잘 보지 않는 필자도 이 친구들과 대화를 하다 보면 최근 한국에서 어떤 드라마가 인기인지 알 정도다. 이들은 성장할 때부터 TV와 영화 그리고 노래를 통해 한국 문화를 접했기에 이해의 폭도 상당히 넓었다. 말이 통한다는 것은 정말 커다란 의미를 갖는다는 걸 매번 다시 느끼고 있다.

박태하는 '좋아!', 이장수는 '음….'

2016년 5월 취재는 정말 변수가 많았다. 취재 도중 이장수 전 광저우형다팀 감독이 창춘야타이팀에 부임하게 됐다. 운이 좋아 단독 기사를 쓰기도 했는데, 취재 기간 안에 연변팀과 창춘팀이 연길에서 맞붙는 경기가 있었다. 잘하면 박태하 감독과 이장수 감독이 중국 슈퍼리그 무대에서 맞대결하는 걸 취재할 수도 있었다. 박태하 감독은 연변팀을 맡기 전에 이장수 감독에게 조언을 듣기도 했었다. 이장수 감독은 이날 경기는 지켜 보지만 벤치에서 지휘는 하지 않는다고 했다. 이장수 감독과는 경기 전날 만나기로 약속만 정해 됐다.

사전 취재를 하던 도중에 예상 밖의 사실을 알게 됐다. 박태하 감독을 향한 분위기가 워낙 좋았기에 이장수 감독에 대한 여론도 좋을 거라 예상했다가 보기 좋기 빗나갔다. 연변은 이장수를 달가워하지 않았다. 미묘한 감정이 공존했다. 이 감독이 주로 연변보다 강 팀을 맡아 연변을 누르는 경우가 많았기 때문에 좋은 감정이 없다는 이들과 그래도 동포인 이 감독이 중국에서 성공한 것을 자랑스러워 하는 이들이 공존했다. 언젠가는 연변 팬들이 심판 판정에 항의하는 이장수 감독에게 욕설을 하자 이장수 감독도 격분해 언쟁을 주고 받은 일도 있었다. 의사소통이 너무 잘 되니 생긴 일이었다.

이장수 감독도 연변과 인연은 길다. 그는 1998년부터 중국 무대에서 활약하며 연변을 몇 차례 오고 갔다. 故 최은택 교수가 처음으로 연변을 방문했을 때 안내를 맡았던 추명의 형이 이장수 감독을 중국으로 처음 데려온 이다. 이장수 감독은 이후 추명을 피지컬 코치로 쓰기도 했다.

"하필 우리 경기 앞두고 계약하시다니요…."

경기 전 만난 박성웅 연변푸더팀 단장은 이장수 감독 부임이야기를 하며 한숨을 내쉬었다. 연변은 길림성 연변 조선족 자치주 안에 있는 연길시에 경기장을 가지고 있고, 창춘시는 길림성의 성도다. 자존심을 넘어 서로를 꼭 이겨야 하는 이유도 있었다. 이날 경기 전까지 연변팀은 15위(승점 5점), 창춘팀은 16위(승점 2점)였다. 초반이지만 두 팀 모두 승점 3점이 절실했기 때문이다. 경기를 앞두고 이장수 감독이 창춘팀 지휘봉을 잡았다는 보도가 나오면서 긴장감은 더 높아질 수밖에 없었다.

박 단장은 "이 감독님은 우리와 아주 좋은 인연은 아닌 것 같습니다. 2014년 청두팀에 부임했을 때도 첫 경기가 우리 원정이었어요. 당시 2:2로 비겼는데, 이 감독님이 판정에 강하게 불만을 드러내서 팬들이 기분 나빠했었습니다. 이 감독님이 1998년부터 연변을 상대로 경기를 했는데, 맞대결할 때마다 강한 성격 탓에 쉽게 넘어간 적은 없었던 것 같습니다."라고 은근히 불편한 기색을 내비쳤다. 무엇보다 연변이 걱정한 것은 창춘 선수들이 이 감독의 부임에 자극 받아 기존 경기력보다 더 좋은 경기력을 내는 것이었다.

호텔에서 만난 이장수 감독은 이장수 감독대로 묘했다. 다른 것보다도 후배인 박 감독에게 연락하기도 어려운 상황이 된 것을 아쉬워했다. 이장수 감독은 경기 전날 저녁 필자와 만나 "일정이 이렇지만 않았더라도 후배인 박 감독과 차라도 한잔 했을 텐데 아쉽네요. 아직 부임도 하지 않았지만 상황이 상황인 만큼 박 감독에게 전화도 하지 못하고 있습니다. 경기 끝나고 나서야 인사라도할 수 있을 것 같습니다."라고 말했다. 이장수 감독은 경기 전날인 5월 7일에 구단 사장과 함께 연변에 와서 숙소에서 지인들과 만났을 뿐 훈련도 지켜 보지 않았다.

연변팀과 창춘팀은 길림성 안에서 라이벌 구도를 형성하고 있지만, 팬들은 창춘팀을 라이벌로 생각하지 않는 분위기였다. 연변 팀은 1955년 창단해 1994년 프로리그에 참가한 전통 있는 구단이지만, 창춘팀은 1996년 창단돼 2005년에야 슈퍼리그에 입성한 신생구단이기 때문이다. 윤진호 씨는 "창춘팀 팬의 90% 정도는 연변 팬이었을 거예요. 창춘 지역 팬들의 요구로 故 최은택 감독님이 있었던 1998년에는 연변팀이 창춘에서 경기를 하기도 했습니다. 창춘팀에서 상하이선화팀과 대련아얼빈팀을 꺾으면서 팬심이 최고조에 달했었죠. 창춘팀이 뒤늦게 창단하면서 팬심이 그쪽으로 기울었습니다."라고 설명했다. 5월 8일 경기는 두 팀의 슈퍼리그 첫 맞대결이기도 했다. 창춘팀이 슈퍼리그로 올라온 2005년에는 연변이 2부 리그에 있었기 때문이었다. 연변은 올해 슈퍼리그로 다시 올라왔다.

이런 상황에서 이장수 감독까지 부임하면서 연변 팬들의 속내도 복잡해졌다. 무엇보다 유력한 강등 후보로 꼽았던 창춘팀에 선전수전 다 겪은 이장수 감독이 부임한 게 내심 걱정됐던 것이다. 하위권 팀인 창춘팀이 좋은 성적을 거두면 연변팀이 어려워질 수 있기 때문이다. 창춘팀은 이번 시즌 7라운드까지 1승도 하지 못한 유일한 팀이었다. 홍용일 씨는 "창춘팀이 강등될 거라고 생각했는데 이제 강등권 다툼이 진흙탕 싸움이 될 것 같습니다. 그래도 이장수 감독님의 창춘팀 부임이 우리 선수들에게도 일종의 동기부

▲2016년 5월 8일, 연변푸더 vs 창춘야타이

여가 될 수도 있을 것 같습니다."라고 말했다.

경기 전, 연변팀 분위기는 경직돼 있었다. 이날 경기 전까지 3연패를 했다. 일부에서는 박 감독의 거취를 걱정할 정도였다. "중국에서 3연패에는 장사가 없다고 하던데요." 연변으로 떠나는 필자에게 이런 이야기를 한 이들도 많았다. 박성웅 단장은 "우리는 그런 구단이 아닙니다. 박 감독을 믿습니다."라고 손을 내저었지만 마음은 복잡할 수밖에 없었다. 선수들은 슈퍼리그에서 당한 3연패에 자신감이 떨어져 있었다. 평상심에 가장 가까운 이는 박 감독이었다. "결과는 하늘에서 정해주는 겁니다. 걱정한다고 될 문제가 아니에요. 우리 선수들이 잘 준비했으니 좋은 결과가 있을 겁니다."라며 웃었다.

막상 이장수 감독이 경기장에 오니 경기장 민심은 조금 더 우호적이었다. 이장수 감독이 경기 당일 본부석에 나타나자 많은 팬들이 일어나 관심을 보였다. 몇몇 팬들은 박수를 보냈고, 직접 이 감독을 찾아가 사진을 찍는 이들도 있었다.

경기는 치열했다. 연변팀은 짧은 패스로 경기를 주도하다 가끔씩 긴 패스로 창춘팀의 왼쪽 측면을 노렸고, 창춘팀은 신장이 큰 볼리비아 출신 공격수 모레노를 이용한 세트피스로 반격했다. 경기는 전반 14분 하태균의 패스를 김승대가 골로 연결시키면서 연변 쪽으로 급격하게 기울었다. 김승대는 슈퍼리그 첫 골을 가장 중요할 때, 팀이 가장 필요로 할 때 터뜨렸다. 연변은 이후 경기를 주도했다. 창춘팀도 몇 차례 날카로운 슈팅을 날렸지만 그때마다 골키퍼 지문일이 막아 냈다. 분위기를 가져간 연변팀은 후반 29분 한 골을 더 넣었다. 역습 상황에서 최민의 패스를 받은 김승대가 골키퍼까지 제치고 골을 터뜨렸다. 승리를 직감한 팬들은 모두 일어나 박수 쳤다. 후반 추가시간에 김승대가 교체될 때는 많은 팬들이 일어나서 박수를 보냈다.

경기가 끝난 후 만난 김승대는 "그렇게 잘하지 못했어요. 두 번째 골을 넣을 때도 최대한 스피드를 살리려고 했는데 마지막 터치

▲이장수 감독과 만난 박태하 감독

가 살짝 길었습니다. 그런데 그게 오히려 골키퍼를 더 제치기 쉬운 상황으로 연결됐네요."라며 웃었다. "복잡한 부분도 있고, 답답한 부분도 있었어요. 그런 부분을 모두 내려놓고 팀을 위해서 하려고 했던 게 잘 됐던 것 같습니다."라며 "그래도 골이 터지니까 앞으로 좋아질 것 같아요. 하지만 아직 초반이기 때문에 기뻐하기는 이르죠."라고 말했다. 윤빛가람은 김승대 옆을 지나가며 "승리 인사는 (김)승대에게 하세요."라고 농담을 던졌다. 마음의 짐을 내려 놓은 선수들은 차분하게 버스에 탔고, 팬들은 구단버스 옆에서 "연변 파이팅!"을 외쳤다.

　복잡미묘했던 이날 경기를 매듭지은 것은 박태하 감독과 이장수 감독의 만남이었다. 차를 타고 경기장을 떠나던 박 감독은 이 감독을 발견하고 차를 세웠다. 박 감독은 선배인 이 감독에게 인사하며 안부를 물었다. 이 감독이 "연변팀이 승리할 만한 경기였다. 준비를 잘 했다."라고 말하자 박 감독은 "아닙니다. 앞으로 준비 잘 하십시오."라며 화답했다. 두 감독은 긴 악수를 끝내고도 3~4분 정도 서로를 격려했다. 이야기를 마친 박 감독은 승용차에 올랐고, 이 감독은 창춘팀 구단 버스에 올라 선수들과 이야기를 나눴다.

　이장수 감독이 창춘팀을 이끌고 연변에 오자 그림은 좀 더 복잡해졌지만, 그 안에서 지금까지 보지 못하던 것들을 볼 수 있었다. 멀리서 보는 이들에게는 단순한 그림이지만, 가까이에서 지켜 본 이들에게는 모자이크를 이루는 작은 요소들까지 눈에 띄는 상징적인 경기였다.

예상치 못한 여름 4연승

　3월의 짜릿함과 5월의 환호는 일장춘몽으로 끝나지 않았다. 연변팀은 여름에 아무도 예상치 못한 일을 또 벌였다. 4연승을 달렸다. 그것도 상하이선화, 장쑤쑤닝, 광저우푸리, 산동루넝과 같

▲2016년 7월 16일, 연변푸더 vs 장쑤쑤닝

은 강팀을 상대로 연승을 기록했다. 연변팀을 강등 1순위로 꼽았던 이들이 머쓱해질 정도로 좋은 경기력과 결과를 보였다.

2016년 7월 16일 장쑤수닝팀과 한 경기는 상징적이었다. 장쑤쑤닝팀을 이끌고 연변으로 온 감독은 최용수였다. 최용수 감독은 FC서울에서 박태하 감독과 함께 팀을 이끌었었다. 2013년에 최용수 감독이 감독을 맡았었고, 박태하 감독은 수석코치로 일하며 팀을 K리그 우승팀으로 만들었었다. 박태하 감독은 후배 최용수 감독과 1년간 함께한 뒤 돌연 팀을 떠났다. 당시에는 불화가 있었던 게 아니냐는 관측이 우세했었다. 언젠가 박태하 감독에게 이에 관해서 물은 적이 있었다. 박태하 감독은 무언가 다 말해줄 것 같은 표정을 짓더니 "사람이 원래 다 그런 거 아닙니까."라는 원론적인 답변을 했었다.

2016년 2월, 두 감독은 가고시마에서 만났었다. 박태하 감독은 연변팀을 이끌고 최용수 감독은 그때만 해도 서울팀을 데리고 왔었다. 연습 경기에 앞서 악수를 하는 두 감독 표정이 조금 묘했다. 박태하 감독은 결연한 표정이었고, 최용수 감독은 웃지만 조금은 경직된 표정이었다. 당시 연변팀은 서울팀과 무승부를 거뒀었는데 박태하 감독은 결과에 상당히 만족감을 보였었다. 1군도 아닌 2군 선수들이 골을 넣으며 서울팀과 어깨를 나란히 했었기 때문이었다.

최용수 감독은 같은 해 6월 장쑤쑤닝팀의 지휘봉을 잡았고, 7월에 연변 원정을 왔다. 최용수 감독은 경기 전 기자회견에서 "우리 동포들이 사는 곳에 오니 감회가 새롭습니다."라고 말하기도 했다. 연변팀은 부상자가 많은 장쑤팀을 상대로 후반에만 3골을 넣으며 이겼다. 특히 마지막 골을 넣은 신장위구르 출신 에흐메티장은 골을 넣은 뒤 박태하 감독에게 달려와 안기기도 했다. 경기가 끝난 후 박태하 감독에게 전화로 물으니 "사실 시즌이 시작하기 전에는 선수가 없어서 받아줄 수밖에 없었어요. 실력이 좋지 않아서 기회를 줄 수도 없을 거 같았죠. 그런데 계속해서 열심히 하니 기회를 주지 않을 수 없었습니다. 골까지 넣으니 저도 기분이 좋더라고요."라고 말했다.

'천억 원' 허베이팀을 이기던 날

2016년에는 기념비적인 승리가 많았다. 5월에 이어 9월에도 연변을 찾았다. 2016시즌을 앞두고 엄청난 자금을 쏟아 부은 허베이화샤팀과 맞대결 하는 경기를 취재하기 위해서였다. 허베이팀은 유럽 빅리그에서 활약하던 가엘 카쿠타, 스테판 음비아, 에르산 귈림에 브라질 상위권 팀에서 뛰었던 알로이시오까지 보유하고 있었다. 이 경기는 맨체스터시티에서 잉글리시프리미어리그 우승까지 맛봤던 마누엘 펠레그리니 감독 데뷔전이기도 했다.

허베이팀은 경기 준비부터 달랐다. 경기 전날 통상적으로 하는 훈련과 인터뷰에 오지 않은 것이다. 확인해보니 전세기를 타고 날아오기 때문에 일정이 늦어진 것이었다. 허베이팀은 오전에 친황다오에서 훈련을 한 뒤 전용기를 타고 이동해 오후 7시경 기자회견만 열었다. 연고지인 친황다오에서 연길로 오는 비행기 직항편이 없었기에 허베이 구단은 불편함을 해소하기 위해 오전 훈련 후 전세기를 선택했다고 했다.

"정말 어마어마한 재력입니다."

박태하 감독은 그 소식을 듣고 허허 웃었다. 허베이팀은 2015시즌에 연변에 이어 갑급리그 2위를 차지하며 승격한 팀이다. 시즌이 끝난 후 슈퍼리그에서 좋은 성적을 내기 위해 1200억 원 가까이 투자를 하기도 했다. 그럼에도 성적이 나지 않자 중국 스타플레이어 출신 리티에 감독을 경질하고 펠레그리니 감독을 데려왔다. 전세기까지 지원받은 펠레그리니 감독은 연변에서 슈퍼리그 데뷔전을 앞두고 있었다.

연변팀은 상황이 좋지 않았다. 윤빛가람이 부상으로 뛸 수 없었고 중앙 수비수 니콜라 페트코비치도 징계로 경기에 나설 수 없었다. 박태하 감독은 "없으면 없는 대로 해야 합니다. 다른 선수들도 잘할 수 있어요. 축구 모릅니다."라고 했다. 박태하 감독은 긍정적인 모습을 보였지만, 연변은 이날 경기에서 승점을 꼭 따야 했다. 강등권과 승점 차이가 9점에 달했으나 2연패 중이었다. 박성웅 단장은 "우리도 허베이팀과의 경기에서 지면 어려워질 수 있습니다. 이번 경기가 매우 중요한데 주력 선수들이 빠져 아쉽습니다."라며 안타까워했다. 팬 분위기도 비슷했다. 경기를 보기 위해 상하이에서 비행기를 타고 온 최국철 씨는 "상대가 허베이팀이라도 (잔류를 위해) 꼭 이겼으면 좋겠습니다."라고 했다.

시작 전부터 경기장 분위기는 뜨거웠다. 파란 운동화를 신은 펠레그리니 감독은 가장 주목을 많이 받은 이였다. 그 반대편에는 박 감독이 섰다. 초반 분위기는 허베이팀이 가져갔다. 카쿠타 패스를 받은 알로이시오가 전반 3분 만에 골을 터뜨렸다. 새 감독을 맞은 허베이팀 선수들은 의욕적인 모습을 보였다. 알로이시오, 카쿠타 그리고 음비아는 날카로웠다. 연변팀은 허베이팀에 몇 차례 기회를 내줬다. 그때마다 골키퍼 지문일이 실점을 막았다. 연변팀은 전반 후반부에 조금씩 살아났다. 전반 45분 김파가 페널티 킥을 얻어냈고, 이것을 김승대가 성공시켰다. 추가 시간에는 스티브가 발리슛으로 역전골을 터뜨렸다. 많은 연변 팬이 일어나 소리를 질렀다.

후반에는 공방전이 벌어졌다. 연변이 공을 점유하는 시간이 조금씩 늘어나면서 긴 줄다리기가 이어졌다. 연변팀이 공을 점유하고, 허베이가 알로이시오와 음비아 그리고 카쿠타를 이용해 역습하는 양상이었다. 후반 17분, 연변팀은 페널티 킥을 내줬다. 리호걸이 공격수를 밀어 넘어뜨렸다. 알로이시오가 골을 넣었다. 연변팀은 쫓기기 시작했다. 허베이팀은 발이 무뎌졌지만 외국인 선수들 기량은 이를 넘어섰다. 연변은 짧은 패스로 기회를 봤다. 후반 32분, 코너킥 상황에서 골이 나왔다. 주장 최민이 헤딩으로 골을 넣었다. 선수들이 모두 얼싸안았고, 관중들은 두 팔을 들어올렸다. 코치진도 환호했다. 올 시즌 간접 프리킥 상황에서 나온 두 번째 골은 극적인 순간을 만들었다.

후반 43분, 허베이팀 중앙수비수 에르산 컬림이 두 번째 경고를 받으며 퇴장 당했다. 펠레그리니 감독은 고개를 가로 저었다. 상징적인 장면이었다. 컬림은 라커룸으로 들어가다 분을 못 이기고 문을 발로 차다 넘어지기도 했다. 결국 연변은 후반 추가시간 3분을 잘 버티고 승점 3점을 얻었다. 전세기 타고 CSL 데뷔전을 치른 펠레그리니 감독은 첫 패배를 안았다.

이날 승리는 의미하는 바가 컸다. 연변팀은 이날 경기 전까지 골을 먼저 내주면 승리하지 못했다. 선수층도 두텁지 않고 경험도 많지 않은 탓이다. 박태하 감독이 "될 듯 될 듯 되지 않네요."라고 말한 것도 같은 맥락이다. 그러나 이번엔 허베이팀을 역전승으로 잡으면서 승점 3점 이상을 얻었다. 박 감독은 "첫 역전승입니다. 역전승이 없다는 건 그만큼 우리가 아직 힘이 없다는 이야기와 같아요. 선수들이 경험이 없어 먼저 실점하면 어려워합니다. 이번에는 선수들이 끝까지 버텼어요. 선수들이 '우리도 할 수 있다.'는 자신감을 얻었을 겁니다"라고 말했다.

표정은 많은 걸 말한다. 샤워를 마치고 버스에 오르는 연변팀 선수들은 밝았다. 이날 골을 터뜨린 김승대 정도만 그나마 아쉬움을 담고 있었다. 인터뷰 요청을 몇 번이나 물리쳤던 김승대는 "골을 넣긴 했지만 아쉬운 게 많습니다. 도망갈 수 있는 상황에서 골을 더 넣지 못해 동료들에게 미안합니다. 골을 넣어서 믿음을 줬어야 했는데 안타깝네요."라며 "아직 잔류를 확정한 것은 아니에요. 더 열심히 해서 믿음을 줄 수 있도록 하겠습니다."라고 했다. 골문을 단단히 지킨 지문일은 "우리는 개인플레이를 하는 팀이 아닙니다. 모두 함께 뛰는 팀이기 때문에 크게 걱정하지 않았어요. 오늘 승리는 기쁘지만 더 잘해야 합니다."라고 말했다. 박성웅 단장이 가장 솔직하게 감정을 표현했다. "이길 수 없는 경기를 이겼습니다."라며 감격했다.

잔류에 가까워졌다는 의미도 컸다. 박태하 감독은 "일단 고비는 넘었습니다."라며 신중하게 말했지만, 문호일 코치는 "90% 정도는 잔류를 확정 지은 것 아닌가요."라며 좀 더 자신감을 드러냈다.

팬 분위기는 문 코치 쪽과 더 가까웠다. 경기를 마친 후 찾은 음식점에서 이날 경기 하이라이트를 보며 다시 한 번 기쁨을 만끽했다. 모동필 씨는 "오늘 참 위대한 승리였습니다. 이렇게 감격스러웠던 적이 없었을 정도로 감동적이에요."라고 말했다. 허베이 팀처럼 1천억 원 이상 선수 영입에 사용한 팀을 이겼다는 데 감격한 팬이 많았다. "우리가 다른 건 져도 축구는 지지 않습니다."는 민족적인 자부심을 내세운 이들도 많았다. 그 토요일 연변의 밤은

늦도록 뜨거웠다.

"형다팀이 우릴 상대로 공을 돌리다니!"

연변은 놀라운 봄과 뜨거운 여름을 넘긴 뒤 약간은 서늘한 가을을 맞았다. 허베이팀에 짜릿한 3:2 역전승을 거둔 이후 3연패를 당했다. 이미 승점을 벌어 놓았기에 강등 가능성이 크지는 않았지만, 28라운드에 광저우형다팀과 만나서도 패한다면 더 큰 어려움에 닥칠 수 있는 미묘한 상황이었다. 광저우형다팀 홈에서 경기를 해야 했기에 긴장감은 더 커질 수밖에 없었다. 광저우팀은 홈에서 승점 1점만 얻어도 자력 우승을 확정 지을 수 있었다. 여러모로 연변팀에게 좋지 않은 상황이었다.

경기를 앞두고 흔치 않은 기회가 생겼다. 다른 취재 때문에 일본 도쿄에 갔다가 같은 해 2월에 만났던 재일 조선족 축구 협회 모임에 갈 수 있었다. 당시 재일 조선족 축구 협회는 연변팀이 선전하는 효과를 보고 있었다. 우에노에 있는 음식점 미미정에 모여 응원하는 모습이 한국 방송에도 보도될 정도였다. 홍용일 씨는 광저우팀과의 경기를 미미정에서 보는 모임에 필자를 초대해줬다. 미미정으로 향하면서 생각이 많아졌다. 중국 슈퍼리그에는 '3연패에는 장사 없다.'는 말이 있다. 연패를 하면 자동적으로 계약을 해지한다는 조항을 계약서에 넣는 구단도 있을 정도다. 박태하 감독과 연변은 그런 관계는 아니었으나 괜히 긴장이 됐다.

10여 명이 넘는 팬들이 미미정에 모였다. 필자가 가니 "오늘은 이기겠지요?"라는 이야기를 하는 팬도 있었다. 경기에 앞서 경기 결과를 예상하는 시간이 있었다. 정답을 맞춘 사람에게는 조선족 기업에서 만든 김치를 준다고 했다. 고심 끝에 1:1 무승부에 표를 던졌다. 경기는 치열하게 전개됐다. 광저우팀은 중국 대표팀 소속 선수들과 함께 브라질 3인방 파울리뉴, 알란, 히카르두 굴라르트를 모두 선발로 내세웠다. 광저우팀이 찌르면 연변팀이 역습으로 맞섰다. 잘 버티던 연변팀은 전반전 추가 시간에 파울리뉴에게 골을 허용했다.

탄성이 흘러나왔다. 잘 버티던 연변팀이 골을 내주면서 4연패에 대한 부담감이 커진 것이다. 박태하 감독은 후반전 초반에 감비아 대표인 스티브를 빼고 김승대를 넣었다. 이 교체는 연변팀이 지닌 속도를 끌어올리는 결과를 냈다. 몇 차례 날카롭게 역습하더니 후반 43분 동점골을 넣었다. 본의 아니게 이 득점 사실을 먼저 알게 되기도 했다. 문자 중계를 보고 있는데, 1:1이 된 것이다. 옆에 앉은 박진우 씨에게 "이거 오류가 난 건가요?"라고 묻자 진우 씨는 "원래 문자 중계가 더 빠릅니다. 그냥 모르는 척 하고 계세요."라며 활짝 웃었다. 약 1분 뒤 윤빛가람이 골을 넣는 것을 볼 수 있었다.

환호성이 나왔다. 거의 괴성 수준이었다. 서로 얼싸안는 모습에서 약 1년 전인 2015년 우승 확정 경기가 떠올랐다. 우승한 듯 좋아하는 팬들을 보면서 다시 한 번 연변 축구의 의미를 실감할 수 있었다.

더 놀라운 일은 동점골 이후에 나왔다. 광저우형다팀이 시간이 5분 이상 남았는데 공을 돌리기 시작한 것이다. 연변이 워낙 날카로운 역습을 하니 잔칫상을 엎을까 두려웠던 것이다. 강팀이 해당 시즌에 승격한 팀을 상대로 홈에서 할 법한 일은 아니었다. 광저우형다팀 감독은 월드컵과 유럽 축구 연맹 챔피언스 리그에서 모두 우승을 차지했던 마르첼로 리피였다. 팬들도 술렁이기 시작했다. 한 팬이 이렇게 소리를 질렀다.

"형다가 우릴 상대로 공을 돌리다니!"

광저우형다팀은 중국 축구에서 상징적인 팀이다. 중국 프로 축구가 슈퍼리그 체제로 거듭난 이후에는 가장 강한 팀이었고 아시아 축구 연맹 챔피언스리그를 차지하기도 했다. 그 광저우형다팀이 연변팀에 지지 않기 위해 공을 돌리는 걸 상상한 사람은 없었을 것이다. 예상치 못한 광경에 여러 목소리가 나오기도 했다. 한 팬은 "이제 우리는 살았습니다. 강등 당할 일은 없어졌어요. 정말 기쁩니다."라고 했고, 다른 한 팬은 "기자님. 부끄럽지만 이게 중국 프로 축구 수준입니다. 우승팀이 연변팀을 상대로 공을 돌리다뇨."라고 쓴 소리를 했다.

경기가 끝나자 광저우헝다팀 선수들이 쏟아져 나왔다. 우승을 자축했다. 아무리 봐도 이날 승자는 연변이었다. 상징적인 장면이었다. 이날 승점 1점을 얻으며 사실상 잔류에 성공한 연변팀이 우승컵을 들어올린 그들보다 더 빛났다. 마홍철 재일 조선족 축구협회장은 "박태하 감독님 덕분에 일본에 사는 동포들도 끈끈해졌습니다"라며 기뻐했다. 흥이 오른 도쿄의 밤은 쉽사리 끝나지 않았다. 택시비가 살인적인 도쿄에서 지하철과 버스가 끊길 때까지 자리를 이어간 것은 태어나서 처음이었다. 재일 교포 선배들과 만났을 때도 이런 일은 없었다. 연변 축구는 그만큼 파괴력을 가진 주제였다.

박태하 감독과 연변팀은 그 다음에 벌어진 29라운드 스자좡융창팀과의 경기에서 2:0으로 승리하며 완벽하게 잔류를 확정 지었다. 30라운드 최종전에서는 홍명보 감독이 이끄는 항저우뤼청팀(현 저장뤼청)과 2:2로 비겼다. 박태하 감독의 절친한 친구인 홍명보 감독은 중국 진출 첫 해에 쓰디쓴 강등의 맛을 봐야 했다. 박태하 감독은 친구를 떨어뜨리는 묘한 상황에 처하기도 했다. 물론 항저우팀은 이날 연변팀을 잡았어도 강등될 운명이었다. 박태하 감독은 "홍명보 감독과 경기 끝나고 만났느냐."는 질문에 "만났 죠. 명보 방에 가서 맥주 먹다가 잤습니다."라며 웃었다.

2015년 기적 같은 우승에 이어 2016시즌에는 슈퍼리그에서 9위로 시즌을 마치자 조선족 사회는 다시 한 번 크게 들끓었다. 팬클럽 가운데 가장 큰 규모를 자랑하는 장저후(장수성, 저장성, 후 난성에 거주하는 팬들 연합)는 최종전 다음날 박태하 감독을 초대해 축하연을 열기도 했다. 박태하 감독은 당시 전화 통화에서 "팬들 이 너무 좋아하네요. 아니 좋아하는 정도로는 부족하다고 봐야죠. 감사하게도 좋은 행사를 마련해주셨어요. 점심부터 와인을 먹었 더니 알딸딸합니다."라고 말했다. 박태하 감독은 "저야 뭐 한 게 있습니까. 선수들이 잘해줬습니다."라는 말도 덧붙였다.

사실 박태하 감독은 같은 해 2월 일본 가고시마 전지훈련에서 비슷한 성적을 예상했었다. 구단에서는 "10위 안에 들어가는 게 목표"라고 목소리를 높일 때도 박태하 감독은 별다른 이야기를 하 지 않았었다. 박태하 감독은 전지훈련이 무르익을 때쯤 조용히 자 신감을 드러냈었다. "이 친구들이 가진 게 분명히 있습니다. 1차 목표는 잔류지만, 10위 안에도 충분히 들 수 있다고 생각하고 있 어요." 연변은 부침을 겪었지만 결국에는 기대 이상의 성적표를 거머쥐었다. 선수단은 조금 바뀌었으나 박태하 감독이 구사한 방식은 비슷했다. 신뢰였다. 다른 팀들이 1천억 원 이상을 쏟아 부으며 세계적인 선수를 영입할 때 윤빛가람과 김승대를 데려오며 "하모니"를 외친 이유가 있었다.

연변은 2015시즌과 2016시즌 모두 성공을 거뒀으나, 두 시즌은 차이를 가지고 있다. 박태하 감독의 인식이다. 2015시즌에는 축구에만 집중하며 자신도 모르게 맡게 된 역할에 대한 자각은 없었다. 2016시즌에는 달랐다. 박태하 감독은 팬들이 자신을 왜 응원하는지에 대해 제대로 알고 있었다. "우리 팀이 연변 사회에서 어떤 의미를 갖는지 알고 있습니다. 팬들이 제게 기대하는 것도 무엇인지 알고 있습니다."

연변 축구는 2015년과 2016년을 거치며 더 강해졌다. 성적만 좋아진 게 아니었다. 박태하 감독과 함께하면서 시스템도 제대로 갖춰 갔다. 위창룡 연변 사장은 2016년 2월 제주도 전지훈련에서 "문화적으로 잘 맞는 한국 지도자들과 함께 유소년 교육을 제대로 하고 싶습니다."라고 했었다. 그는 그 말을 현실로 옮기면서 유소년 시스템도 조금씩 바꿔 나갔다. 2015년에 상하이선신팀에서 뛰다 2016년 연변에 합류한 주축 미드필더 지충국(현 중국 국가대표)은 팀이 예전에는 어땠느냐는 질문에 이렇게 답했다. "박태하 감독님이 오시기 전까지는 팀도 아니었죠."

히스토리 2.

시인 윤동주도 축구선수였다.

서시(序詩)를 쓴 윤동주 시인(1917~1945)이 축구를 좋아했다는 사실을 아는 사람은 많지 않을 것이다.

시인 윤동주를 좋아했고, 10년 정도 축구를 취재했던 필자도 알지 못했던 사실이었다. 지난해 2015년 10월, 연변을 이끌고 중국 갑급리그 우승을 차지한 박태하 감독과 함께 중국 연변 조선족 자치구 용정시에 있는 윤동주 시인 생가를 찾았는데 해설사로부터 뜻밖의 이야기를 들었다. 축구를 좋아하는 해설사가 박 감독이 윤동주 생가를 찾으니 일종의 맞춤 해설을 들려준 것이다.

"윤동주 시인도 당시 다른 이 고장 아이들처럼 축구를 좋아했다."

사실 윤동주가 한반도가 아닌 당시 간도라 불렸던 용정에서 태어났다는 사실을 처음 알게 된 이들도 이런 기분이었을 것이다. 쉽게 믿을 수 없는 이야기였다. 연변에서 돌아온 뒤 사실 확인을 위해 자료 조사를 시작했다. 한국과 일본 그리고 연변 자료를 모두 들춰 보다가 멀게만 느껴졌던 윤동주와 축구가 한 번에 나오는 자료를 발견했다. 친동생 윤일주 교수(1927~1985)와 친구 문익환 목사(1918~1994)가 남긴 말과 글이었다.

"은진중학교 때의 그의 취미는 다방면이었다. 축구선수로 뛰기도 하고 밤에는 늦게까지 교내잡지를 꾸리느라고 등사글씨를 쓰기도 하였다."〈윤동주의 생애〉윤일주

"동주는 재봉틀질을 참 잘했어요. 학교 축구선수들의 유니폼에 넘버를 다는 것을 모두 동주가 집에 갖고 가서 제 손으로 직접 박아 왔었지."〈하늘, 바람, 별의 시인, 윤동주〉문익환, 월간중앙 1976년 4월호.

윤동주가 축구를 좋아한 것은 흥미로운 사실이지만, 그 자체로는 의미가 크지 않다. 윤동주와 축구 이야기를 함께 하려는 이유는 그 사실이 당시 시대상을 반영하기 때문이다. 일제강점기 간도

에서 태어난 윤동주는 축구를 좋아할 수밖에 없었다. 당시 간도는 항일 투사와 민족 교육자들로 넘쳐 났다. 민족 교육과 항일 투사 양성을 위한 학교도 많이 세워졌다. 민족 학교에서는 민족 교육과 함께 체육 교육도 중요하게 여겼다. 축구는 체육 과목 중 가장 인기 있었다. 당시 간도와 한반도에서 펼쳐졌던 축구는 현대 축구와 인원 구성도 달랐고, 경기 방식도 조금은 달랐다. 공을 멀리 차는 선수가 가장 뛰어나다는 평가를 받았고, 몸싸움도 더 격렬했다고 한다.

당시 간도 상황을 이해하려면 학교 설립에 대한 정보가 필요하다. 가장 먼저 간도에 조선인 학교를 세운 인물은 이상설 선생(1870~1917)이었다. 1905년 을사늑약이 체결되자 을사늑약 체결을 반대하고 고종에게 을사오적을 처단하라는 상소를 올렸던 이상설 선생은 1906년 간도 용정으로 넘어온다. 그는 1907년 고종의 밀서를 가지고 네덜란드 헤이그로 가기 일년 전까지 간도에 머물렀고, 1906년 용정에 서전서숙을 세웠다. 윤동주 외삼촌인 규암 김약연 선생(1868~1942)도 1908년 화룡현 명동촌에 명동 학교를 세웠다. 〈연변조선족축구운동사〉에 1920년대 간도 내 학교에 대한 기록이 있다.

"조선 총독부가 꾸린 학교 30개, 외국인 선교사가 세운 학교

19개, 중국 측에서 세운 학교 165개, 조선인이 운영한 사립
학교가 191개소였다."

김약연이 세운 명동 학교는 간도에서 축구를 가장 먼저 시작한
학교로 기록돼 있다. 외삼촌이 세운 명동 학교를 졸업한 어린 윤
동주는 어렸을 때부터 축구와 가까울 수밖에 없었다. 1908년에는
연길에 창동 학교가 설립됐고, 1910년에는 화룡에 장동 학교가
섰다. 이 두 학교도 축구로 이름 높았는데, 모두 블라디보스토크
에서 축구를 배운 조선인 교사(박문호, 노상렬) 덕분이었다. 명동 학
교와 장동 학교는 1년에 2번 정도 친선 경기를 치르기도 했다.

"명동 학교 교장 김약연 선생은 반일 민족 애국지사로 그가
초빙한 교원들은 태반이 조선에서 망명해온 반일 애국지사
들과 진보적인 지식인들이었다. 그리하여 명동 학교에서는
체육 교육을 비교적 중시하였으며 축구 운동을 활발히 벌리
었다."〈연변 조선족 축구운동사〉

축구는 그저 단체로 하는 운동이 아니었다. 상징성을 지니고 있
었다. 간도에 있는 조선인이 세운 사립학교들은 민족 명절 단오에
함께 모여 연합 운동회를 치렀다. 일제 강점기에는 집회와 결사의

자유가 없었다. 만주 사변(1931) 전까지 간도에서는 비교적 자유롭게 모임을 가질 수 있었고, 그 자리에서는 어김없이 반일 정서가 표출됐다고 한다. 우리 선조들은 축구 경기를 잘 이용했다. 경기를 치르기 전에는 '광복가'를 불렀고, 경기가 시작되면 '응원가'나 '한산가'를 불렀다.

"쾌하라 장검을 높이 비껴들었네.
오늘날 우리 손에 잡은 칼은
한산도에서 왜적을 격파하던
충무공의 칼이 다시
번쩍번쩍 번개같이 번쩍
쾌한 칼이 나의 손에 빛나네.
제국의 위업을 떨치누나."
(한산가)

1920년 10월, 일제는 경신참변(중국 마적단을 사주하여 훈춘현 일본 영사관을 습격시킨 뒤, 그 일을 빌미로 관동군 약 2만 명을 출병시켜 조선인 3,500여 명을 학살. 청산리 전투, 봉오동 전투 패배 후 보복적 성격이 더 짙어짐)을 일으켰다. 영화 〈암살〉에서 전지현이 엄마라고 믿었던 보모가 죽었던 사건을 설명하는 장면을 기억하는 이가 있을 것이다.

그 사건이 바로 경신참변이다. 일제는 이때 간도에 있던 조선인 사립학교 30개를 불태웠다. 하지만 선조들은 굴하지 않았다. 이때부터 축구가 지닌 사회운동적인 성격이 더 두드러졌다. 일제의 감시는 더 교묘해졌지만, 축구경기가 열리면 계속해서 반일적 성격을 지닌 응원가를 불렀고, 독립군들은 쪽지를 주고 받았다. 정강이 보호대 안에 쪽지나 연락처를 넣어 주고 받았다는 기록도 남아 있다.

"일제가 감시해도 사람이 (축구장에) 정말 많이 모이니까 독립군끼리 연락을 주고 받을 수 있었던 겁니다." (조선족 원로사진기자 황범송)

영화보다 더 영화 같은 이야기 아닌가? 필자도 기록과 구술을 보고 들으면서 많이 놀랐다. 우리가 역사에 대해 그리고 우리 축구에 대해 잘 모른다는 사실을 절감했다. 아쉬운 것은 당시 사진과 자료가 거의 남아 있지 않다는 것이다. 연변에서는 마오쩌둥의 문화혁명을 겪으며 많은 자료가 불태워졌고, 한국에서는 그 시절을 기억하는 이들이 거의 다 세상을 떠났기 때문이다.

자료가 남았더라도 후손들이 그 중요성을 알지 못하기 때문에 많이 소실될 수밖에 없다. 역사는 극적으로 사라지는 게 아니다. 기억하는 이가 쓰러질 때 함께 사라지고, 이삿짐 사이에서 자취를 감춘다. 이 취재를 하며 연변이 뜨겁게 보낸 시기를 기록해야 한다는 생각이 더 강해졌다.

인터뷰 ②
박태하 "감독 3년 차, 성공 아닌 행복 바란다."
(2016년 12월 인터뷰)

2015년 승격에 이어 2016년 슈퍼리그 9위를 차지한 박 감독은 성공가도를 달렸다. 이미 연변에서는 몸을 움직이기가 쉽지 않을 정도로 슈퍼스타였다. 바뀌지 않는 사람은 없다고 하지만, 박 감독은 거의 변하지 않았다. 2년 연속 성공을 하고 고향 포항에서 만난 박 감독은 감독으로서도 깊어져 있었고, 연변 사회도 더 깊이 이해하고 있었다. 당시 인터뷰를 보면 2015년과의 변화를 느낄 수 있다.

- 2016시즌도 잘 마쳤다. 전화도 많이 받고, 초대도 많이 받았을 것 같다.

아직 내세울 만한 게 없다. 강사로 불러 주신 분들도 있는데 죄송하지만 모두 거절했다. 조용하고 묵묵하게 내 일만 하려고 한다. 너무 숨기는 것도 좋지 않은 일이지만, 아직 드러낼 것도 없는 게 사실이다. 연변에서 거동에 자유롭지 않은 부분이 있는데 그 상황을 여기까지 연장하고 싶은 생각은 없다(웃음). 한 시즌 뛰었으니 조금 쉬고 싶다. 나는 성공한 사람이 아닌 열심히 한 사람이라는 평가를 받고 싶다.

- 지휘봉을 잡고 치른 두 번째 시즌은 어땠나. 시즌 초반 강등 후보로 꼽히기도 했다.

참 시간이 빨리 간다. 우리 팀은 정말 잘하는 팀도 아니고, 막 떨어지는 팀도 아니다. 나도 시즌을 치르며 참 재미있었다. 선수들이 조금씩 경험을 쌓는 게 보인다. 선수들이 재미있어 하면 최고다. 얼마 전 오영춘이 인터뷰 한 것을 봤는데 '발전하는 모습을 보인 게 기쁘다.'라고 했더라. 감독이 가장 듣기 좋은 말이다. 선수가 운동장에서 즐겁게 훈련할 때 기쁘다. 그런 선수가 늘어나면 팀이 강해진다. 이건 전술과 전략보다 중요한 부분이다.

- 2016시즌 준비할 때 가고시마에서 한 인터뷰에서 "대놓고 말은 못하지만 자신 있다."라고 했었다. 그 자신감이 현실이 됐다.

건방진 소리였을 수도 있다(웃음). 그건 확신이라기 보다는 믿음이었다. 선수를 믿었다. 지난 시즌 승격한 후 슈퍼리그 경기를 분석했다. 우리가 충분히 경쟁력 있고 10위 안에도 들 수 있다고 생각했다. 나도 두 번째 시즌을 준비하며 성장했다. 짧은 시간에 어떻게 효과를 줘야 하는 지 조금씩 느끼고 배웠다. 경기를 준비하는 정신 자세가 중요한데 우리 선수들은 그 부분에서 확실했다. 축구가 그렇다. 돌아보면, 나는 선수를 잘 만났다. 이 좋은 시절을 더 오래가게 만들 기틀을 만드는 게 내 임무다. 당장 성적보다는 오래가는 게 중요하다.

- 시즌 내내 등락을 거듭했다. 불안함을 견딘 원동력은 어디에 있나?

28라운드 광저우헝다팀 원정 경기를 돌아보고 싶다. 당시 코치들이 1군을 두고 원정 가자고 했다. 29라운드 스자좡팀 홈 경기가 중요했기 때문이다. 고민이 많았다. 결국 1군을 데리고 가기로 했다. 우리가 쌓아 온 이미지를 모두 날릴 수 있다고 봤다. 물론 2군을 보낼 수 있었다. 그런데 우리는 광저우헝다팀을 버틸 2군 선수단을 보유하지 못했다. 2군 선수들이 5골이나 10골을 내주지 말라는 법이 없다. 보통 사람들은 연변팀이 그렇게 약하다고 생각할 게 뻔하다. 결과적으로 밀고 나가야 한다고 생각했다. 선수를 믿었다. 광저우헝다팀에 지면 위험하다는 건 선수가 더 잘 안다. 졌을 때 스자좡팀과의 경기에도 영향을 미칠 수 있었다. 강등될 수도 있었다. 선수들은 이겨 냈다. 경기 종료 5분을 앞둔 1:1 상황에서 광저우헝다팀이 뒤에서 공을 돌렸다. 선수들이 얼마나 큰 자부심을 느꼈겠나. 우리는 그 경기로 한 단계 더 성숙했다. 그 경기를 보며 중국 전체가 연변을 주목했을 것이다. 중국 사람들이 연변에 관심을 가질 수 있게 만든 게 보람이라면 보람이다.

- 슈퍼리그와 갑급리그는 다르다. 소위 '빅네임' 외국인 선수를 영입하지 않고 버틸 수 있다고 생각한 이유는 무엇이었나?

확신이 없으면 못한다. 믿고 뽑아야 한다. (선수 간의) 축구 실력은 백지 한 장 차이다. 좋은 선수 쓰면 확률적으로 더 좋은 성적을 거둘 수 있다. 하지만 우리 팀 사정과 살림을 봐야 한다. 비싼 선수를 쓰는 게 내키지 않는 부분도 있다. 우리 선수들은 많은 돈을 받지 못한다. 몸값이 비싼 선수가 들어오면 위화감이 조성된다. 위화감이란 게 이런 거다. 몸값이 낮은 선수를 데려 왔는데 못하면 반감이 적다. 하지만 비싼 선수를 데려 왔는데 못하면 손가락질 하고 무시할 가능성이 크다. 실패했을 때 충격을 최소화 할 수 있는 걸 생각해야 한다.

- 항상 실패를 염두에 두기 때문에 흔들림을 줄일 수 있었나?

우리보다 못하는 팀은 없다고 편하게 생각한다. 나는 신이 아니다. 우리 선수들은 광저우헝다팀이나 상하이선화팀 선수와 1대1로 싸워 이길 수 없다. 하지만 하나하나 실로 엮었을 때는 우리가 강할 확률이 높다.

- 2016시즌 가장 짜릿한 순간은 언제였나?

허베이화샤팀과 홈 경기에서 3:2로 역전승 했을 때다. 역전하기 정말 쉽지 않은 경기였다. 사실 마누엘 펠레그리니 감독이 부임 후 2경기를 관찰하다가 우리 경기에서 데뷔했다. 우리가 만만하니까 들어온 거다(웃음). 골을 먼저 내준 후에 역전시켰다. 올해 잔류에 가장 큰 분수령이었다. 시즌 내내 등락이 계속됐다. 선수들이 7월에 연승할 때는 누구와 해도 지지 않겠다는 생각이 들 정도로 잘했다. 하지만 경험이 없으니 이후 자만심이 생겨 버렸다. 초심을 잃지 않아야 한다. 지난 시즌 갑급리그 첫 경기를 떠올리라고 이야기한다. 상대가 우릴 얕보고 지명했었다. 그때 우리 선수들이 이기려고 몸을 날리며 정말 열심히 뛰었다. 그 기억을 잊지 않으면 프로 생활 내내 괜찮을 거라고 이야기한다.

- 중국 매체들은 연변 장점 중 하나로 심판 판정에 승복하는 모습을 꼽는다. 하지만, 연변 팬들은 감독이 어이 없는 판정에 대해서는 항의했으면 좋겠다는 이야기도 한다.

벤치가 흔들리면 선수도 힘들다. 받아들일 건 받아들여야 한다. 선수단에 '판정은 벤치에서 알아서 할 테니 심판에게 절대 항의하지 말아라.'라고 말했다. 그렇게 이야기해 놓고도 가끔은 '뭐하냐 좀 들이대지.'라는 생각도 하게 되는 게 사실이다(웃음). 항의는 전체적으로 봤을 때 옳은 일이 아니다. 감정표현을 하면 팀이 흔들린다. 축구는 한 경기로 끝나지 않는다. 심판을 존중하는 게 큰 틀에서는 더 좋은 일이다. 물론 다른 팀들이 가끔 펼치는 침대축구는 정말 아쉽다. 우리는 색깔이 확실하다고 나름대로 평가한다. 플레잉타임이 가장 긴 팀 중 하나다. 이런 부분은 중국 축구 발전을 위해서도 중요하다.

- 심판 판정과 함께 한국인 감독을 따라다니며 괴롭히는 게 하나 더 있
다. 바로 한국인 감독끼리 사정을 봐준다는 이야기다.

(기자회견에서) 그런 이야기가 나오면 지는 방법을 가르쳐 달라고 한다. 선수들
에게 그런 이야기 할 수도 없고 해서도 안 된다. 최선을 다하는 게 중국 축구에
대한 예의다. 그런 건 절대로 용납할 수 없다. 상대가 친구인 홍명보 감독이라
도 서로 그럴 수는 없다. 눈에 다 보인다. 팬들이 보고 있다. 항저우팀과의 마지
막 경기에서 골 넣고 표정관리 하느라 힘들었다(웃음). 선수들에게 최선을 다하
라고 했다. 경기는 경기라고 강조했다. 그게 팬들에 대한 예의다.

- 2018시즌까지 계약을 연장했다. 지난 계약 때는 연봉을 구단에 일임
한 걸로 안다. 이번에도 그랬나?

이번에는 이야기를 했다. 길게는 안 했다. 합리적으로 자존심만 지켜 달라고 했
다. 구단에서도 바로 그 자리에서 합의해 줬다. 사실 이번 시즌 임종현 조선족
자치주 체육국장과 우장룡 사장, 박성웅 단장이 많이 도와 줬다. 그런 부분에서
감사하다. 2018년까지 계약했으니 이 팀을 특색 있는 팀으로 만들고 싶다. 감
독이라는 게 언제 어떻게 될지 모른다. 재계약 했더라도 장기 계획을 세우기 어
려운 부분이 분명 있다. 하지만 연변이 슈퍼리그에 뿌리내릴 수 있도록 돕고 싶
다. 연변이 나를 성장하게 해줬으니 나도 연변이 롱런 할 기초를 만들어 주고
싶다. 연변은 축구에 큰 의미를 둔다. 축구로 인해 모든 사람이 기뻐하고 활력
을 지닐 수 있다는 건 특별한 일이다. 이 사람들이 행복할 수 있도록 팀을 잘 만

들어야 한다.

- 2년 동안 감독 생활하며 얻은 건 무엇인가? 조금 더 성장했다고 생각 하나?

처음에는 두려움이 있었는데 이제 조금 편안해졌다. 팀에 대해 어느 정도 자신 감이 생겼다. 우리 선수들이 경쟁력 있다는 믿음이 생기면서 조금 편해졌다. 내 년에 조금 더 만들면 올해보다는 더 임팩트를 줄 수 있는 팀이 될 수 있다고 믿 는다. 2016시즌 마지막 3경기를 통해서 좋은 걸 봤다. 긍정적인 생각이 더 많 이 든다. 상대를 더 괴롭힐 수 있는 팀이 나올 수 있다고 생각한다.

지키려고 했나
연변은 왜 박태하를

3장 ──

외부에서 분 급격한 변화의 바람

2017시즌을 앞두고 연변은 큰 변화를 겪었다. 중국 축구 협회가 갑작스럽게 외국인 선수 출전 규정을 바꾸면서 큰 혼란을 겪었다. 중국 축구 협회는 시즌 개막이 얼마 남지 않은 시점에 외국인 선수 출전 규정을 바꿨다. 2016시즌까지는 외국인 선수를 5명 (아시아 출신 선수 1명 포함)까지 보유하며 4명까지 한 번에 뛰게 할 수 있었다. 그런데 갑자기 아시아 쿼터를 폐지하면서 외국인 선수를 5명 보유할 수 있지만 경기에는 3명만 내보낼 수 있도록 했다. 3명을 선발로 내면 나머지 2명은 교체로도 쓸 수 없었다. 시즌을 준비하면서도 외국인 선수 4명을 뛰게 했던 팀들은 난감할 수밖에 없었다. 연변팀도 마찬가지였다. 박태하 감독은 2016시즌 후반기에 상대적으로 출전 기회가 줄어든 하태균과 다시 한 시즌을 같이하겠다고 선언했고, 수비수 니콜라 페트코비치와 재계약을 하지 않고 헝가리 대표 출신 수비수 리차드 구즈미치만을 영입해 훈련하고 있었다.

중국 축구 협회가 실행한 규정에 가장 큰 영향을 받은 것은 아시아 쿼터로 중국에 진출한 한국 선수들이었다. 중국 팀들은 수비력이 좋은 한국 중앙 수비수와 미드필더를 아시아 쿼터로 영입하길 즐겼었다. 당시 12명(전반기 끝난 후 5명 이탈)이 뛰고 있었다. 중국 축구 전문가와 현직 감독들은 이 변화 속에서 수비수가 주류인 아시아 쿼터 선수들이 경기에 나서지 못할 확률이 크다고 전망했다. 골을 넣을 수 있는 외국인 선수 3명을 쓰는 것이 공격수 2명과 수비수 1명을 쓰는 것보다 더 효과적이라는 이야기였다. 아시아 쿼터 수비수와 중국 수비수의 실력 차이보다 외국인 공격수와 중국 공격수 사이의 실력 차이가 더 크기 때문이다. 박태하 감독은 규정 변화에 "우리는 조직으로 하는 팀이기 때문에 크게 문제가 없습니다."라며 담담하게 반응했지만, 속내는 복잡할 수밖에 없었다.

축구가 아닌 사회와 정치적으로도 미묘한 기류가 흘렀다. 한국과 중국이 사드배치를 두고 극하게 대립하던 시점이었기에 '한국 지도자와 한국 선수를 겨냥해 규정을 바꾼 게 아니냐.'는 의혹이 나오기도 했다. 한국에서는 이런 의혹을 제기하는 이가 많았다.
몇 차례 이런 의혹이 기사화되기도 했다. 연변 때문에 중국 현지
취재를 상대적으로 많이 한 필자도 이에 관련된 질문을 많이 받았
다. 중국 축구 협회는 더 많은 내국인 선수에게 기회를 주며 중국
축구를 발전시키기 위해 규정을 바꿨다고 설명했다. 중국 슈퍼리
그가 외국인 선수 의존도가 높은 것은 사실이었기에 그 설명 자체
에는 문제가 없어 보였다. 다만 팀들이 손을 쓸 수도 없는 시점에
발표했기 때문에 무수한 뒷말이 나왔다. 한 중국 축구 관계자는
중국 축구 협회와 관계가 깊은 광저우헝다팀과 베이징궈안팀은
이런 변화를 미리 알고 외국인 선수를 더 영입하지 않았다고 말하
기도 했다.

　중국 팀 지휘봉을 잡은 한국인 감독들은 대체적으로 평정심을
유지하면서도 은근한 불안감에 시달렸다. 중국에서 활약하던 한
감독은 "중국 기자들 좀 알죠? 정말 사드 문제 때문에 규정을 바
꾼 거래요?"라고 묻기도 했다. 박태하 감독은 가장 평온한 축에
속했다. 그는 "다소 당황스럽기는 하지만 중국 축구를 위해서는
옳은 결정이긴 해요. 우리는 항상 없이 했잖아요. 없는 대로 또 해
봐야죠."라고 말했다.

　개인적으로도 혼란스러웠다. 한국 포털 사이트 '네이버'는
2017시즌을 앞두고 필자에게 중국 슈퍼리그 관련 칼럼을 써달라

고 요청했었다. 중국 기자 3명과 함께 '中요한 기자들'이라는 칼럼을 쓰게 되었고, 중국 취재 일정까지 잡아 뒀다. 모든 계획이 잡힌 상황에서 예기치 못한 변수가 생기고 말았다.

'하신'이 떠나다

중국 축구 협회가 일으킨 물결은 연변팀을 덮쳤다. 박태하 감독은 규정이 바뀐 뒤 공격보다는 수비에 좀 더 치중해야 한다고 생각했다. 결국 하태균을 내보내고 재계약하지 않았던 니콜라 페트코비치를 다시 영입하기로 마음 먹었다. 그 과정에서 덜컹거림도 있었다. 연변팀이 한국 남해 전지훈련을 하기 위해 인천 공항에 도착했을 때 니콜라 페트코비치가 마중을 나왔던 것이다. 아직 팀과 감독으로부터 정확한 이야기를 듣지 못했던 선수단은 놀랄수밖에 없었다. 특히 외국인 선수로 팀에 있었던 하태균, 김승대, 윤빛가람은 더 긴장할 수밖에 없었다.

필자는 니콜라 페트코비치가 팀에 합류했다는 소식을 하태균측 에이전트를 통해 들었다. 그 에이전트는 "니콜라가 연변팀에 복귀했다던데 누가 빠지는 겁니까? 아무래도 태균이가 나올 거 같은데 들은 이야기 있어요?"라고 물었다. 당시만 해도 사정을 전혀 알지 못했기에 "잘 모르겠습니다."라고 말할 수밖에 없었다.

151

　며칠 후 다른 취재 때문에 남해에 갈 일이 생겼다. 그 취재를 끝낸 뒤 잠시 연변팀이 훈련하고 있는 곳으로 갔다. 박태하 감독과 많은 이야기를 나누지는 못했으나 팀 분위기가 미묘하게 달라졌다는 걸 느낄 수 있었다. 팀 관계자와 대화하며 상황을 좀 더 알수 있었다. 하태균은 숙소를 혼자 쓰고 있었다. 다들 2인실을 쓰는데 하태균만 1인실을 썼기에 본인도 어느 정도 운명을 감지할수 있는 상황이었다.

　연변이 묵는 호텔을 떠나려다 하태균과 마주쳤다. 무언가 말하고 싶었지만 상황이 상황이었던 만큼 할 수 있는 말은 많지 않았다. 짐짓 웃으면서 "잘 지내죠?"라고 묻고는 아차 싶었다. 하태균은 "네?"라며 말을 잇지 못했다. 마치 '상황을 다 알면서 왜 그러는 거야.'라는 표정이었다. 이 순간은 여전히 가슴에 남아 있다. 나중에 하태균을 만나면 당시 상황을 설명하면서 미안하다고 말하고 싶다.

　결국 하태균은 팀을 떠났다. 떠나는 과정에서 박태하 감독과 하태균 사이에 서운함도 싹텄다. 프로 무대에서 영원히 사이가 좋을 수는 없는 법이다. 영원한 친구도 없고 영원한 적도 없다는 말이 맞다. 2015년 무모한 도전을 무한 도전으로 만들었던 두 사람의 동행은 2년으로 끝나고 말았다. 연변을 취재하며 두 사람을 모두 다 가까이서 지켜 보았기에 아쉬움도 있었다. 두 사람이 관계를 지속하면서 연변에서 좀 더 많은 이야기를 만들길 바랐기 때문이다. 10년 넘게 축구를 취재하며 이적은 냉정함 속에서 진행된다는 것을 잘 알고 있었지만 말이다.

나중에서야 박태하 감독에게 하태균을 보낸 이유를 들을 수 있었다. "사실 고민을 많이 했습니다. 하태균에게 다시 한 번 해보자고 말하기도 했었고요. 그런데 스페인 전지훈련에서 태균이가 생각만큼 적극적으로 해주지 못하는 걸 보면서 고민이 많아졌어요. 주위에서도 태균이로는 안 되는 게 아니냐는 이야기도 많이 나왔습니다. 결정적으로 외국인 선수 출전 규정이 바뀌면서 수비를 강하게 해야 한다는 결론이 나왔습니다. 올해는 어쩔 수 없이 수비를 두텁게 하는 수밖에 없어요."

결과는 뼈아팠지만 축구계에서는 대개 박태하 감독이 내린 결단을 "이해할 수는 있다."라며 받아들였다. 중국 팀에서 일하는 한 분석관은 "아마 박태하 감독도 고민이 많았을 것이다. 외국인 선수 정책이 바뀌면서 수비 강화를 생각할 수밖에 없었을 것이다."라고 말했다.

하태균이 팀을 떠났다는 이야기가 퍼지면서 거의 처음으로 박태하 감독을 원망하는 소리를 들을 수 있었다. 박태하 감독과 하태균을 모두 사랑했던 연변 팬들은 하태균이 스페인 전지훈련을 소화한 뒤에 팀을 떠나게 된 것에 아쉬움을 표했다. 많은 팬들은 팀 상황을 이해하면서도 연변을 일으킨 하태균이 팀을 떠나는 걸 마음으로 받아들이지 못했다. 박태하 감독을 지지하는 한 팬도 "어떻게 태균이를 그렇게 보낼 수 있습니까? 박 감독님이 야속합니다."라고 말하기도 했다.

하태균은 단순한 선수가 아니었다. 한국에서는 2007년 데뷔 시즌에 신인왕을 차지했다가 부침을 거듭한 선수로 기억되지만, 연변에서는 '하신'이다. 한 번은 하태균과 연변 시내에서 차를 한 잔 마시려다가 놀랐다. 차를 마시는 1시간 동안 사진을 찍어 달라고 요청한 팬이 30명이 넘었다. 팬들은 우리 대화가 잠시 끊기면 바로 사진 촬영을 요청하곤 했다. 하태균을 위한 노래가 만들어질 정도로 인기가 좋았다. 아직도 기억나는 응원가 구절이 있다. 이 응원가는 한 래퍼가 하태균에게 헌정한 것이다.

하태균 송 (문수봉 작곡 작사)

드넓은 동해를 건너
장백의 정기를 얻고
민족의 혼을 보여 준
우리의 용사 하태균
굶주린 호랑이처럼

백두의 힘을 가지고

그라운드를 누비는

우리의 골잡이 하신

태균 태균 너는 우리의 용사

민족의 패길 보여 준 우리의 형제

태균 태균 앞으로 나아가라

우리들의 함성과 함께 높이 날아가라

하태균은 이후 갑급리그(2부 리그)에 있는 바오딩팀으로 이적했다. 하태균은 2017시즌에 팀이 강등당하는 상황에서도 15골을 넣으며 다시 한 번 가치를 증명했다.

지금 생각해 보면 박태하와 하태균의 이별은 상징적인 장면이다. 함께 기적을 일궜던 두 사람은 홀로서기를 하면서 새로운 지경으로 나아갔다. 이후 박태하 감독은 연변에서 기적이 아닌 현실을 맞이했고, 하태균은 또 다시 험난한 모험을 이어 갔다. 안타깝게도 하태균은 2018시즌 전남드래곤즈로 이적한 이후 부상과 부진에 시달리고 있다. 2019시즌을 앞두고는 무릎 수술을 하며 재활에 매진하고 있다.

물론 변하지 않는 게 있다. 지금은 박태하 감독도 연변을 떠났지만, 두 사람에 대한 연변의 사랑은 변함 없다. 하태균이 바오딩

팀에서 뛸 때도 연변 팬들이 그를 찾아가 응원했던 것은 유명한 일화다.

부진한 연변, 갈라진 팬심

연변팀은 2017시즌 초반 고전했다. 수비적으로는 괜찮은 경기를 펼쳤으나 골을 넣지 못하면서 승리를 거두지 못했다. 연변팀은 시즌 개막전인 충칭당다이리판팀 원정 경기에서 0:0으로 비기면서 시작을 잘 했으나 이후 총 6라운드까지 승리를 거두지 못했다. 2무 4패에 그쳤다. 7라운드 경기에서 창춘야타이팀을 1:0으로 잡았고, 8라운드에서 강호 장쑤쑤닝팀과 비기면서 반등하는 듯 했으나 이후로도 좀처럼 승리를 잡지 못하며 위기를 맞았다. 연변팀은 스폰서인 푸더 그룹으로부터 지원금도 전혀 받지 못했기에 여름 이적 시장에서 좋은 선수를 데려올 수도 없었다.

성적이 떨어져 강등권에 있자 팬심도 갈라졌다. 박태하 감독을 지지하던 팬 중 일부는 그를 비난하기 시작했다. 프로 무대에서 일반적으로 볼 수 있는 일이다. 아무리 좋은 성적을 거둔 감독도 부진하면 도마에 오르는 게 축구계다. 다만 연변은 특별한 지점에 있었기에 박 감독을 적극적으로 지키려는 이의 숫자도 많았다. 박 감독을 지지하는 이들은 경기 결과에는 아쉬움을 표해도 감독이

▲2017시즌 개막전 장외룡 감독과 함께

떠나길 바라지 않았다. 중국에서 가장 많은 이가 사용하는 메신저 '위챗(WeChat)' 단체 대화방과 가장 많은 축구팬이 사용하는 '둥 츮디' 연변 페이지에서는 서로 다른 의견을 지닌 이들이 극한 대 립을 했다.

박 감독을 지키려는 이들 중에서도 그가 떠나길 바란다는 이야 기가 나오기도 했다. 박 감독을 경질하자는 게 아니었다. 2017시 즌 중에 연변을 찾았을 때 한 팬은 "박태하 감독님이 너무 힘들어 하십니다. 이제 이곳을 떠나 더 좋은 곳으로 가셨으면 좋겠습니

▲2017시즌 홈 개막전 (연변푸더 vs 광저우푸리)

다. 고생을 너무 많이 하셨어요."라고 말했다. 처음에 이 말을 듣
고 상당히 놀랐다. 아무리 아쉬운 판정이 있어도 결과는 감독이
책임지는 것이다. 성적이 좋지 않은데 오히려 감독을 걱정하는 걸

이해하지 못했다. 몇 번이나 이런 비슷한 맥락을 지닌 이야기를 듣고서야 어렴풋이 그들의 마음을 이해할 수 있었다.

박 감독은 연변의 상징이 됐다. 팬들은 그런 상징이 더 아파하는 걸 보지 못했다. 연변팀 팬들은 상상 이상으로 박 감독과 연변 축구를 사랑하고 있었다. 박 감독이 떠나면 다시는 연변이 슈퍼리그, 그게 아니라면 갑급리그에서도 활약하지 못하리라 걱정하는 이들이 많았다. 연변에서 패배 의식을 걷어 낸 박 감독이 가고 나면 다시 패배 의식이 연변을 사로잡으리라 예상하는 사람도 다수였다. 성적은 아쉽지만 마음을 준 박 감독이 이렇게 떠나는 걸 바라지 않는 이들도 많았다. 연변 축구는 곧 연변 사회다. 축구가 계속해서 조선족 사회를 역동적으로 이끌어 주길 바랐고, 박 감독과 연변이 놓은 다리가 그대로 끊어지는 걸 바라지 않았다.

떠나려다 마지막 순간에 돌아선 박태하

여름이 되자 여론은 더 극심하게 대립했다. 연변은 4월에 창춘을 잡은 이후로 7월까지 승리하지 못했다. 7월 2일 구이저우지청팀을 잡을 때까지 4연패에 시달리기도 했다. 박 감독이 스스로 그만뒀다는 소문도 심심찮게 들렸다. 연변에 있는 친구들이 가장 빈번하게 전화를 걸어온 시기도 이때다. 이들은 믿을 만한 소식통이 박 감독이 결단을 내렸다는 이야기를 할 때마다 필자에게 전화를 걸어 진위를 확인해 달라고 요청했다. 소문 대부분이 "걱정 마세요."라고 넘길 정도였으나 몇 개는 필자도 놀랄 정도로 상세한 상황 묘사를 담고 있었다. 몇 번은 박 감독에게 전화를 걸어 에둘러 진퇴 여부를 묻기도 했었다.

한국에서도 박 감독과 연변 관련 소문이 돌아다녔다. 주위 기자와 에이전트들이 전화를 걸어온 적도 많았다. 대개 '연변에서 온 사람들이 새로운 감독을 찾는다고 하더라. 한국인을 찾는다고 하는데 박 감독은 그만두는 것이냐?'는 내용이었다. "그럴 일은 없을 것."이라고 대답은 했지만, 분명히 누군가 움직이고 있다는 것은 알 수 있었다. 나중에 안 사실로는 그 시도는 제대로 이루어지지도 못했다고 한다.

한 번은 한 선수가 한 팬과의 대화에서 박 감독을 비난했는데, 대화 내용을 본 누군가가 분노한 나머지 해당 대화 내용을 캡쳐해 팬들에게 돌린 적이 있다. 축구계에서 기자로 10년 넘게 일하면서 선수들 생리를 잘 알고 있었기에 크게 놀라지는 않았다. 모든 선수에게 지지를 받는 감독은 없다. 한 에이전트는 "나를 뛰게 해주면 좋은 감독이고, 그렇지 않으면 나쁜 감독이 되는 겁니다."라고 설명하기도 했다. 그 선수를 한심하다고 생각했지만, 더 우려했던 것은 팬들의 분위기였다. 박 감독을 비난하는 팬심을 '날 것'으로 보면서 영원한 것은 없다는 생각이 들었다. 물론 박 감독을 지지하는 팬들은 이 대화에 엄청난 분노를 쏟아냈다.

경기장에서도 소동이 있었다. 몇몇 팬이 박 감독을 향해 사퇴하라고 소리를 지르자 한 여성 팬이 달려가 이들에게 강력하게 항의했다고 한다. 이 여성 팬은 2000년에 갑급리그로 강등당했던 연변팀이 15년 만에 슈퍼리그로 승격한 게 누구 덕이냐고 따졌다고 한다. 팬들은 박 감독이 조금이라도 모욕을 당해도 그냥 참지 않았다.

연변 취재를 며칠 앞뒀을 때 다급한 메시지와 전화를 받았다. 한 선수의 형이 위챗 모멘트(페이스북 기능과 비슷하다)에 박 감독 사진을 올린 뒤 중국어로 "지금까지 고마웠습니다. 잘 가십시오."라고 썼던 것이다. 현역 선수의 가족이 올린 글이었기에 지난 것들과는 차원이 다르다고 생각했다. 사무실에서 잠시 나와 박 감독에게 전화를 걸 수밖에 없었다. 전화를 받은 박 감독에게 "감독님 정말 그만두셨어요?"라고 물었다. 박 감독은 잠시 침묵하다 "이상한 이야기 하지 마시고 그냥 오세요. 주말에 봅시다."라며 전화를 끊었다. 당장 사퇴한 게 아니라는 걸 알게 됐지만 한 편으로는 '주말 경기를 끝낸 뒤 사퇴를 하려고 하나.'라는 생각도 들었다.

연길 공항에 내려 연변 숙소와 사무실이 있는 곳으로 바로 갔다. 공항에 마중 나온 박천일 씨는 걱정이 가득했다. 요즘 너무 흥흉한 소문이 돈다며 박 감독 거취를 궁금해 했다. 연변 숙소 앞에서 그를 돌려보내며 "너무 걱정하지 마세요."라고 했다. 사무실에서 사무국장격인 리철 씨 방을 찾다가 뜻하지 않게 박 감독 방에 닿았다. 얼마 전에 숙소와 사무실이 자리 바꿈을 하면서 박 감독도 방을 옮긴 것이다. 그는 "류 기자 왔어요? 들어와요."라며 손짓을 했다. 박 감독은 상의를 탈의한 채로 메이저리그 야구 경기를 보고 있었다. 근황 이야기를 하다 "감독님 정말 계속하시는 건가요?"라고 물었다. 박 감독은 미소를 보였다.

"이제 괜찮아요. 두 번 정도 스스로 그만두려고 했습니다. 못 이길 때 너무 괴로웠어요. 팬들은 제게 너무 관대하잖아요. 얼마 전에 그만둘 결심을 하고 사장에게 찾아가 뜻을 전달했습니다. 사장은 계속해서 그만두지 말라고 만류했어요. 독일에 있는 집사람에게도 그만둘 거라고 이야기를 했습니다. 그런데 아침에 일어나 보니 집사람이 장문의 문자를 보냈더라고요. '당신이 거기서 얼마나 큰 사랑을 받았는지 생각해 보라. 그 사랑을 다 갚았으면 좋겠다. 팀에서 나가라고 하지 않는 한 계속해서 연변에서 일했으면 좋겠다.'는 내용이었어요. 그 메시지를 보고 고민을 많이 했습니다. 결국 연변에 남기로 했어요. 걱정하지 않아도 됩니다. 이제 사점(死點)은 넘었습니다."

연변은 그날 경기에서 파비오 칸나바로 감독이 이끄는 텐진첸젠팀에 0:2로 졌다. 경기는 잘했으나 AC밀란과 브라질 대표팀에서 활약했던 알렉산드리 파투에게 2골을 내줬다. 파투는 '결정력은 비싸다.'는 명제를 증명했다. 골을 넣기 어려운 곳에서 왼발과 오른발로 각각 1골씩 넣었다. 연변은 최하위에서 벗어나지 못했다. 경기가 끝난 후 팬들이 안쪽으로 걸어 들어가는 박 감독과 선수들을 향해 크게 소리를 질렀다.

"절대 포기하지 마라! 절대 포기하지 마라! 이겨도 내 형제요, 져도 내 형제!"

경기가 끝난 뒤 위창룽 사장이 식사를 함께하자고 청했다. 박 감독과 리철 씨 그리고 위창룽 사장까지 4명이 식사를 했다. 분위기는 차분했다. 위창룽 사장은 술을 한 잔 더 마시자고 했다. 술자리에 가자 위창룽 사장은 박 감독 옆에 리철 씨를 통역으로 앉혀 두고 계속해서 뭔가 이야기를 했다. 위창룽 사장은 "감독님 무슨 이야기를 해도 괜찮습니다. 그만둔다는 이야기만 하지 말아 주세요."라는 이야기를 수 차례 반복했다. 위창룽 사장은 집으로 돌아가기 직전에 필자에게도 몇 마디 건넸다. 그는 "박 감독님은 여기서 계속 계셔야 합니다. 류 기자도 주위에서 무슨 소문을 든더라도 걱정하지 마십시오."라고 말했다.

박태하 감독은 한국으로 다시 떠나는 필자에게 이렇게 말했다.

"어렵지만 분명히 희망은 있습니다. 1%라도 희망이 있다면 그걸 보고 가야 합니다. 마지막까지 포기하지 않고 싸우겠습니다."

처절한 싸움 도중에 접한 승부 조작 의혹

연변은 좀처럼 반등하지 못했다. 이임생 감독이 이끄는 톈진 테다팀에 3:1로 역전승을 거두면서 기회를 잡는 듯 했으나 다른 쪽에서 밀려온 파도에 다시 위태로워졌다.

2017년 9월 23일, 톈진테다팀과 톈진첸젠팀이 치른 2017시즌 26라운드 '톈진 더비(derby match: 같은 도시나 구역을 연고로 하는 팀들끼리의 맞대결)'에서 아무도 예상하지 못한 결과가 나왔다. 연변과 잔류 경쟁을 펼치던 톈진테다팀이 연속 무패를 달리던 톈진첸젠팀을 4:1로 크게 꺾으면서 반등한 것이다. 경기 내용도 경기 결과도 의혹을 많이 샀다. 특히 한 골을 내줄 때 톈진첸젠팀 골키퍼가 거의 손을 쓰지 않은 게 문제가 됐다. 연변팀 팬들은 승부 조작이 아니냐며 분노했다. 가까스로 반전 기회를 잡은 연변팀은 졸지에 다시 위기에 빠졌다. 운명의 장난인지 당시 톈진테다팀 감독은 한국 대표팀에서 경질된 뒤 다시 지휘봉을 잡은 울리 슈틸리케였다.

슈틸리케는 부임 후 치른 첫 경기에서 1:5로 패한 뒤 성난 팬들에 둘러싸였었는데, 두 번째 경기에서는 크게 승리하고도 승부 조작 의심을 받았다. 톈진테다팀은 톈진췐젠팀과 톈진 더비에서 승리하며 승점 3점을 획득했고, 당시 기준으로 15위 연변팀에 득실차로 앞서며 14위에 올라섰다. 톈진은 더비 승리와 강등권 탈출에 환호했지만, 25일 중국 축구 협회는 이 경기를 승부 조작 의심 경기라고 보고 조사할 것이라고 밝혔다.

이 의혹을 가장 먼저 폭로한 곳은 중국 최고 축구 잡지인 〈축구보(足球報)〉다. 이 매체는 톈진 더비 전인 18일 '톈진 체육국 국장이 톈진테다팀 강등을 절대 허용할 수 없다고 선언했다.'라는 제호로 폭로 기사를 썼다. 기사 내용을 대략 정리하면 이렇다.

1. 지난 10일 톈진이 유치한 전국 체육 대회가 성공적으로 끝났고, 톈진은 금메달 18개와 은메달 62개를 따며 사상 최고 기록을 냈다.
2. 이런 상황에서 톈진테다팀이 강등 위기에 처하자 체육국에서 강등을 막아야 한다는 의견이 나왔다. 톈진테다는 국유기업을 스폰서로 둔 팀으로 체육국과 밀접한 관련이 있다.
3. 체육국 국장이자 당서기인 리커민이 직접 구단을 방문해 선수단을 격려했다.

이 기사가 〈텅쉰스포츠(腾讯体育)〉, 〈시나스포츠(新浪体育)〉 등 중국 대형 포털사이트에 게재되면서 논란이 커졌다. 중국 축구 팬들은 크게 반발했다. 팬들은 이 기사 밑에 "진짜 대단하다. CSL 강등 여부를 체육국에서 결정하다니."와 같은 댓글을 달며 분노했다. 이 기사가 나간 뒤 경기가 텐진테다팀 4:1 승리로 끝나자 여론은 더 악화됐다. 텐진테다팀은 그 경기 전까지 13경기에서 승리하지 못했던 팀이다. 3무 10패를 거둔 텐진테다팀이 11경기 연속 무패를 달리던 4위 텐진췐젠팀을 꺾었다.

중국 언론에 따르면 텐진테다팀과 잔류 경쟁을 하는 연변팀은 경기 전부터 중국 축구 협회에 텐진시 체육국이 경기 결과에 개입할 수 있다며 유심히 지켜봐 달라고 요구했었다. 연변은 경기가 끝난 후에도 중국 축구 협회에 서한을 보내 철저한 조사를 요구했다. 결국 중국 축구 협회는 이를 받아들여 조사를 시작했다.

중국 축구 협회가 텐진 더비를 조사하겠다고 발표하자 〈축구보〉는 시나닷컴에 특별 칼럼을 게재했다. 이 매체는 25일 '텐진 체육국이 노골적으로 개입하며 또 한 번 경기 조작(승부 조작) 의혹에 휩싸인 중국 축구. 축구 협회가 어떻게 이를 처리할지 지켜 보겠다.'라는 제호로 기사를 냈다. 미리 의혹을 제기했던 '축구보'는 이번 사건으로 CSL에서 가장 축구다운 축구를 하는 연변팀이 피해를 봤다고 주장했다.

연변은 23일 텐진 더비보다 조금 더 이른 시간에 경기했다. 연변은 랴오닝카이신팀을 1:0으로 꺾고 먼저 14위에 올랐다가 몇 시간 뒤 텐진테다팀이 승리하면서 15위로 떨어졌다. 박태하 감독이 이끄는 연변팀은 당시 6경기에서 2승 3무 1패를 거두며 가파른 상승세를 탔었다. 중국 축구 팬들은 유명 선수 하나 없이 세 시즌 동안 좋은 축구를 한 연변팀을 긍정적으로 보고 있었다.

텐진 더비 승부 조작 의혹은 아직까진 의혹에 불과했다. 중국 축구 협회 조사 결과가 나오기 전까지는 어떤 부분도 사실이라고 단정할 수 없었다. 다만 텐진테다팀이 강등을 피하기 위해 선수단에 엄청난 승리 수당을 건 것은 사실이다. 계속해서 한 경기에 수당으로 한화 17억 원 정도를 걸었다. 텐진테다팀은 텐진쉔젠팀과 구이저우지청팀을 연달아 이겼다. 중국 축구 관계자에 따르면 주축 선수급은 두 경기를 치른 후 1억 4천만 원 정도를 챙겼다고 한다.

중국 축구 협회도 이 의혹을 철저히 조사하겠다고 나섰다. 연변 팬들은 일말의 희망을 품었으나 현실은 차가웠다. 중국을 잘 아는 전문가들은 그 보도가 나온 뒤에도 별다른 일이 일어나지 않을 것이라 예상했다. 한 전문가는 "텐진시는 중국에서도 큰 도시다. 이런 도시에 체육국장은 우리가 생각하는 것보다 큰 힘을 지니고 있다. 이런 사람이 두 구단 사장을 불렀다는 것 자체가 의미가 있는

것."이라면서도 "톈진테다팀과 톈진췐젠팀이 징계를 받는 일은
없을 것이다. 그러면 중국 축구 협회가 스스로를 부정하는 꼴이
되기 때문이다. 연변이 안타깝게 됐다."라고 말했다.

결과적으로 아무런 일도 일어나지 않았다. 중국 축구 협회는 증
거 부족이라는 결론을 내리며 양팀에 면죄부를 줬다. 예상했던 일
이었지만 연변 팬들은 힘이 빠질 수밖에 없었다. 박태하 감독은
담담했다.

"우리는 우리대로 마지막까지 싸워야 합니다. 쉽지 않겠지만
끝까지 해보겠습니다."

쓰라린 강등, 감독을 지킨 팬들

연변은 승부 조작 논란 속에서도 8월 이후 반등했다. 8월
9일 톈진테다팀을 잡은 이후 6경기에서 2승 3무 1패를 거뒀다.
2017년 10월 말, 잔류와 강등 사이에 있던 연변을 방문했다. 연변
팀은 이날 승리해야 강등을 피할 수 있었다. 28라운드 상대 허난
젠예팀이 그리 강팀은 아니었기에 희망적인 전망도 나왔다. 랴오
닝팀을 잡는다 해도 강등될 가능성이 있었지만 박태하 감독과 선
수 그리고 팬은 마지막까지 희망을 이어 가고 싶어했다.

　결국 희망은 희망으로 끝났다. 연변은 홈에서 허난젠예팀에 1:2로 패하면서 강등이 확정됐다. 최하위는 피했으나 남은 경기 결과에 상관 없이 15위에 머물게 됐다. 2경기가 남아 있지만 한 경기를 덜 치른 14위 텐진테다팀과 승점 차이가 6점이고 득실차가 11점에 달해 사실상 잔류하지 못하게 됐다. 심판에 항의하다 징계를 받아 벤치에도 앉지 못했던 박태하 감독은 좌절감이 더 컸다.

　종료 휘슬이 울리자 팬들은 눈물을 흘렸다. 그라운드에 누운 선수들도 오열했다. 안타까운 강등 속에서도 야유와 욕설은 거의 없었다. 팬들은 차분하게 강등이라는 현실을 마주했다. 경기장을 돌며 팬들에게 인사하는 선수들이 한 바퀴를 다 돌 때까지 응원 구호를 외쳤고, 선수들에게 박수를 보냈다. 지난 경기에 판정에 항의하다 퇴장 당했던 박 감독이 경기장으로 나왔을 때도 박수가 터졌다.

　기분이 묘했다. 만 2년 전인 지난 2015년 10월, 연변은 같은 장소에서 갑급리그에서 우승을 확정 지었었다. 2014시즌에 갑급리그에서 최하위에 머물렀던 연변은 박 감독과 함께 기적을 썼었다. 승격을 향한 환호는 2년 만에 아쉬움으로 바뀌었다. 연변이 승격하고 잔류하고 다시 강등당하는 것을 봤기에 마음이 좋지 않았다. 승격했던 2년 전과 단 하나 바뀌지 않은 게 있다면 박 감독과 선수를 향한 박수였다. 실망은 있어도 원색적인 비난은 없었다. 연변 팬들은 의연했다.

징계로 벤치에 앉지 못했던 박태하 감독은 안타까움이 더 클 수밖에 없었다. 그는 "급격한 변화 속에서 열심히 준비했고 선수들도 최선을 다했는데 결과가 좋지 못했습니다. 연변 팬들은 정말 축구를 좋아하는 특별한 팬들인데 좋은 결과를 안겨 주지 못해 미안합니다. 남은 두 경기도 열심히 준비하겠습니다."라고 말했다.

몇몇 팬들은 경기장을 쉽게 떠나지 못했다. 연변 팬들은 눈물을 흘리면서도 내일과 내년을 생각했다. 여전히 많은 팬들은 내년에도 박 감독을 지키고 싶어 했다. 한 팬은 "당연히 아쉽지만 다음 시즌에 잘해서 다시 올라오면 된다고 생각합니다. 저만 그렇게 생각하는 게 아니에요. 박 감독이 팀에 남는다면 희망이 있다고 생각합니다."라고 말했다.

정말 이상한 팬심이었다. 승격을 이끈 공을 아무리 높게 평가하더라도 강등을 당한 이를 다시 지키려고 나서기는 쉽지 않다. 팬들은 이미 박 감독을 그저 감독으로 생각하지 않았다. 앞서도 언급했으나 박 감독은 하나의 상징이었다. 넘어지더라도 쉽게 포기하지 않고 계속해서 나아가겠다는 일종의 약속과 같았다. 위창룽 연변 사장도 이런 마음을 지니고 있었다. 그는 강등에 크게 슬퍼하면서도 "박 감독이 팀을 떠나는 일은 없을 겁니다."라고 말했다.

박 감독은 "결국 많은 일이 있었지만, 성적은 감독 책임입니다"라면서도 연변에서 계약 기간을 다하겠다고 다짐했다. 그는 충격이 컸던지 강등이 결정된 다음날도 거의 말을 하지 않았지만 한 가지는 확실하게 했다. "내년에는 어떤 상황이라도 더 좋은 경기를 해야 합니다. 제가 떨어뜨렸으니 제가 다시 끌어올려야 하지 않겠어요. 저도 자존심이 센 사람입니다. 팬들에게 보답도 해야죠."

강등됐지만, 연변은 '작은 공'을 쐈다

"우리 팀 대신 연변이 슈퍼리그(CSL)에 남는 게 좋겠다."

연변팀이 톈진테다팀 그리고 랴오닝키이신팀과 강등 경쟁을 극심하게 펼치던 때, 예상치 못한 반응이 나왔었다.

소수였지만 톈진팀과 랴오닝팀 팬들이 자신이 응원하는 팀이 아닌 연변이 슈퍼리그에 잔류하는 게 낫다는 반응을 보였다. 반어법적인 표현이었지만, 한 가지는 분명했다. 경기력도 좋지 않고 의지도 약한 그들보다는 연변팀이 좀 더 축구다운 축구를 한다는 이야기였다. 물론, 결국 톈진팀은 승부 조작 의혹 끝에 잔류했고 연변(15위)과 랴오닝(16위)은 강등됐다.

연변은 강등당하고도 다른 팀 팬들로부터 박수를 받았다. 현지 팬들은 슬픔과 짙은 아쉬움을 보이고 있지만, 다른 팀들은 연변팀이 지닌 가치를 인정한다. 모든 언론사가 사실상 관영인 중국에서 톈진테다팀과 톈진췐젠팀이 '승부 조작'에 휘말렸을 때, 〈축구보〉를 비롯한 몇몇 언론사가 톈진시 체육국과 중국 축구 협회를 직접 겨냥한 이유도 여기에 있다.

연변은 2017시즌 슈퍼리그 페어플레이상을 받았다. 반칙이 적고, 레드 카드도 유일하게 없다. 심판에 항의하지 않는 거의 유일한 팀이다. 실제 경기시간(55분 47초)도 CSL 1위다. 패스 숫자는 4위다. 패스로 경기를 이어 가면서 이기더라도 '침대 축구'를 하지 않는다는 이야기다. 〈축구보〉가 쓴 기사에는 연변팀이 지닌 가치가 잘 담겨 있다.

"중국 팬들은 CSL에서 상대적으로 가난하지만 가장 많이 뛰고 실질 경기 시간도 가장 긴 연변팀을 중국 축구계의 마지막 남은 정토(淨土, 깨끗한 곳)로 인식하고 있다. CSL에 이런 팀이 남아야 중국 축구에 희망이 있다고 생각하며 이 팀의 강등을 원치 않는다."

강등된 연변팀이 희망이 되는 것은 모순적이기도 하다. 다른 팀들이 그런 모습을 보여 주지 못한다는 이야기다. 슈퍼리그 7연패를 한 광저우헝다팀은 올 시즌에도 몇 차례 판정에 득을 봤다는 구설수에 올랐고, 울리 슈틸리케 감독 부임 이후에 극적으로 잔류한 톈진팀은 승부 조작 의심을 강하게 받았다. 심판에 대한 불신은 더 커져서 외국인 심판과 비디오 어시스턴트 레프리(VAR) 도입을 할 수밖에 없었다. 실제 경기시간은 여전히 제자리 걸음이다.

박태하 감독이 2015년 연변에 부임한 이후로 고집스럽게 지킨 가치가 중국 슈퍼리그에서 인정 받고 있다. 박 감독은 "결과가 이렇게 됐는데 무슨 말을 할 수 있겠습니까."라며 아쉬움을 표현했지만, 그와 선수들이 지킨 가치는 슈퍼리그에 반향을 일으켰다. 프로 무대에서는 성적이 가장 중요하다. 아무리 좋은 경기를 해도 이기지 못하면 빛이 바래기 마련이다. 하지만, 좋은 과정도 분명히 의미가 있다.

흩어진 동포 사회를 뭉치게 한 힘

연변팀은 2015년부터 2017년까지 축구가 지닌 힘을 확실하게 보여 줬다. 그리고 필자는 이를 옆에서 확실하게 목격했다. 연변 축구가 CSL을 누비면서 중국 동포 사회가 응집력을 보이기 시작했다. 연변 조선족 자치주를 떠나 각지에 흩어졌던 조선족들은 축구를 매개로 모이기 시작했고, 연변팀은 가는 곳마다 원정

팬 입장 신기록을 갈아 치웠다.

연변 축구가 힘을 내면서 뿌리에 대한 자각도 커졌다. 연변 조선족 자치주를 떠나면 조선어(한국어) 교육을 받기 어려운 게 사실이다. 연변 축구가 인기를 끌며 모임이 늘어나면서 말에 대한 관심도 높아졌다. "한국과 중국 어디서든 어려움을 겪겠지만, 내 아이를 조선족으로 키우겠다."는 젊은 부모들이 늘고 있다. 교육 때문에 연변으로 돌아오는 이들도 늘었다.

연변 팬들이 2017시즌 박 감독이 보여 준 경기력에 일정 부분 실망하면서도 그를 계속 지지했던 이유도 여기 있다. 박 감독은 암흑 속에 있던 연변 축구를 양지로 끌어냈다. 비난하기보다는 감싸 안으면서 상처 입은 선수들을 일으켰다. 2017년 실패를 겪은 이후에도 연변에서 가장 상징적인 한국인임에 틀림없다.

박 감독은 연변 축구 미래와도 밀접한 관계가 있다. 박 감독이 오면서 한국인 지도자들이 유소년을 맡았다. 포항 유소년 팀에서 성적을 내고 대전시티즌 수석코치까지 맡았던 이창원 감독도 유소년 팀에서 아이들을 가르친다. 팬들은 박 감독이 떠나면 어렵게 만든 이 토대가 무너질 가능성이 크다고 우려하고 있다.

박 감독은 자신이 선 자리를 잘 인식한다. 그는 "첫 해에는 잘 몰랐지만, 이제 이분들이 내게 바라는 것을 알아요. 그래서 더 잘 하고 싶습니다."라며 "한국에서는 연변이 너무 부정적인 이미지로 잘못 알려져 있습니다. 축구로 이런 이미지를 조금이나마 바로 잡을 수 있으면 좋겠다는 바람을 가지고 있습니다."라고 말했다. 연변 축구는 한국과 연변을 이어 주는 다리이기도 한 것이다.

연변은 슈퍼리그에서 강등됐지만, 연변 축구가 지닌 힘은 계속 해서 이어지고 있었다. 쓰라린 강등 속에서도 연변은 무언가를 남 기고 있었다.

기고
박태하 감독 노래를 만든 김수연 작가

2017년 연변팀 슈퍼리그 두 번째 해였습니다. 시즌 초반부터 성적이 좋지 않았던 이유로 박태하 감독님을 향한 불신임과 질타의 목소리마저 들리던 시간들이 있었습니다. 감독님이 갓 연변에 오실 때보다 수척해진 모습을 보면 너무 마음이 아팠고, 그런 감독님께 어떤 방식으로든 힘이 되어 드리고 싶었습니다. 감독님이 가장 힘들 때 오롯이 감독님을 위한 무엇인가를 해드리고 싶었습니다. 감독님 생일이 음력 5월29일인데 그해는 양력 6월 23일인 걸로 기억됩니다.

생일선물로 감독님을 위한 노래를 만들고 싶어서 일단 "소중한 사람-박태하 감독님께"라는 제목으로 가사를 먼저 썼습니다. 주변 지인을 통해 작곡가들에게 작곡을 부탁했으나, 연변 축구가 성적 부진인 시점에서 이런 노래를 만든다는 것은 부당하다는 반응이 대부분이었습니다. 그때 "하태균 송"을 작사·작곡했던 문수봉씨가 선뜻 나섰고, 문수봉씨와 글이 빛나는 밤(상해에서 김수연 씨와 동료들이 운영하는 문예 조직)의 문애림씨가 함께 노래를 불렀습니다.

전에 최은택 감독님도 연변 축구를 위하여 불멸의 공훈을 세우셨지만 감독님에 관한 기억을 제외하고 우리 팬들이 공유할 수 있는 건 아무 것도 없습니다. 참 많이 아쉬운 부분입니다. 이 노래를 통해 많은 팬들이 오래도록 박태하 감독님을 기억하고, 4년의 시간을 추억할 수 있는 계기가 되기를 바랐습니다.

박태하 감독님은 저에게 있어서 "연변 축구 팬"으로 새 생명을 부여해준 은인입니다. 감독님이 아니었더라면 4년 동안 연변 축구 팬의 이름으로 살아올 수 있었던 기쁨과 행복과 감동과 열정과 자부심은 절대로 제 삶에 나타나지 못했을 것입니다. 박태하 감독님이 계셨기에 연변 축구의 역사는 물론 우리 축구팬 개인 삶의 역사 또한 달라졌습니다. 또한 감독님이 축구를 통해 보여 준 삶의 철학과 인격은 저의 인생에 멘토와도 같은 역할을 해줄 것입니다.

제가 썼던 시집 "그대 시가 되어 내게로 올 때"의 이름을 빌어 감독님의 의미를 되새겨 본다면, 감독님은 저의 축구팬 생애에 만난 가장 아름다운 시였습니다.

소중한 사람

우리에게 아름다운 봄을 안겨 준 사람
따뜻한 두 손으로 우릴 일으켜 준 사람
그대가 있어 행복은 다시 다가왔죠
그대가 있어 기쁨의 눈물도 흘렸죠
"땀은 거짓말을 하지 않아"
그대 말에 오늘도 힘을 얻어요

(후렴)
소중한 그대가 있어
우리 모두는 행복한 사람
영원토록 그댈 가슴에 기억할게요
이 세상 누구보다 소중한 사람

우릴 위해 무거운 짐도 지고 가는 사람
힘들 때도 늘 부드럽게 웃어 주는 사람
그대 희어진 머리에 가슴이 아파요
그대 초췌해진 모습에 눈물이 나요
"나는 행복한 사람" 이 노래

오늘도 그대를 위해 불러요

(후렴)

소중한 그대가 있어

우리 모두는 행복한 사람

영원토록 그댈 가슴에 기억할게요

이 세상 누구보다 소중한 사람

오랜 시간이 흘러도 이 세상 어디라도

늘 그대와 함께 할게요

그대 이름 부르면 뜨거워지는 가슴

오늘도 그대의 행복을 빌어요

그대 사랑합니다

4장 ──

연변은 파산하다
박태하는 떠나고

2018년, 팔려 가는 선수들

2018시즌 준비는 쉽지 않았다. 스폰서인 푸더 그룹은 여전히 대답이 없었다. 연변팀은 선수를 팔아 시즌을 준비할 수밖에 없었다. 주축 선수 몇 명을 파느냐가 문제였다. 주장 지충국을 비롯해 골키퍼 지문일 그리고 한족 선수 톈이눙 등이 이적 대상자로 꼽혔다. 팬들은 정확한 이적소식이 나오기 전부터 "또 다시 피를 팔아 살림을 하는구나."라며 슬퍼했다. 연변팀은 거의 한 번도 이적 자금을 마음껏 써 본적이 없었기에 팬들은 도돌이표 같은 상황에 가슴 아파했다.

주장 지충국을 두고는 많은 소문이 오고 갔다. 하루에도 몇 번씩 연변에 있는 지인들이 지충국에 관해 물었다. 베이징궈안, 장쑤쑤닝, 광저우헝다와 같은 강팀들이 지충국을 노린다고 했다. 중국은 한 시즌에 내국인 선수를 5명만 영입할 수 있기 때문에 이적이 쉽지 않다. 경쟁은 강하고 희소성은 높기에 이적료도 치솟을 수밖에 없다. 중국 대표팀에도 오가는 지충국은 다른 팀들이 노릴 수밖에 없는 선수였다.

결국 지충국은 2018시즌 전지훈련을 떠나기 전에 베이징궈안팀으로 이적했다. 연변에서 가장 상징적인 선수였던 지충국은 2016년 슈퍼리그로 승격한 고향팀으로 돌아왔다가 2년 만에 다시 다른 곳으로 떠나게 됐다. 실력과 함께 인성 그리고 자기 관리까지 최고였던 주장이 떠나자 많은 팬들은 슬퍼했다. 지충국은 고향에서 더 좋은 모습을 보이지 못하고 떠나는 것에 아쉬움을 보였다. 그는 2017시즌 강등이 결정된 후 눈물을 보이기도 했었다. 박태하 감독은 지충국을 "정말 좋은 선수입니다. 인성까지 갖춘 보기 드문 선수예요."라고 설명했었다. 지충국 이적은 상징적이기도 했다. 2015년부터 상승세만 탔던 연변이 다시 내려 앉고 있다는 뜻과 같았다.

2018년 1월, 스페인에서 만난 박태하 감독은 주축 선수를 이적시키는 게 어쩔 수 없는 선택이라고 했다. 연변 규모의 팀이 살아나가려면 좋은 선수를 키워 이적시키고 다시 그 돈으로 팀을 운영하며 내실을 다져야 한다는 것이었다. 박 감독은 마음 속으로

3~4명 정도는 이적시킬 수 있다는 선을 정해 두고 있었다.

골키퍼 지문일은 조금 미묘하게 팀을 떠났다. 지문일은 여러 팀으로부터 제의를 받았다. 실력 있는 골키퍼는 어느 리그에서나 각광 받는다. 팬들은 지충국에 이어 지문일까지 떠나면 연변이 무너질 거라고 걱정했으나, 우려는 우려고 현실은 현실이었다. 지문일은 스페인 전지훈련에 참가했으나 이적 가능성이 큰 선수로 분류돼 있었다. 설상가상으로 작은 부상으로 전지훈련 전반기에는 완벽하게 훈련에 참가하지도 못했다. 결국 지문일은 훈련이 끝난 뒤에 베이징궈안팀으로 이적했다.

지문일이 이적한 뒤에 중국에서 일하는 한 에이전트에게 안타까운 이야기를 들었다. 지문일 이적이 로저 슈미트 감독이 바라는 이적이 아니었기 때문에 실력에 관계없이 뛰지 못할 가능성이 매우 크다는 것이었다. 그 관계자는 슈미트 감독은 칼 같은 사람이기에 그런 선택도 할 수 있다고 설명했다. 그 이야기를 듣고 설마설마했지만 그 예상은 현실이 됐다. 지문일은 2018시즌에 단 한 경기도 뛰지 못하고 2019시즌에 허베이화샤팀으로 이적했다. 아쉬운 일이었다.

연변 이적의 좋은 예, 쇼텐

필자가 스페인 전지훈련지에서 취재를 하고 있을 때 선수가 하나 떠났다. 2016시즌부터 팀에 합류해 2017시즌부터 주전급으로 활약한 텐이눙, 일명 쇼텐이었다. 쇼텐은 파비오 카펠로 감독이 이끄는 장쑤쑤닝팀으로 이적했다. 그는 연변팀에 큰 이적료를 안겨 주고 떠났다. 이른 아침에 택시를 타고 공항으로 떠나는 쇼텐을 보면서 많은 생각이 들었다. 조선족 선수는 아니었지만 오랫동안 지켜 봤고 많은 이야기와 논란을 남겼기 때문이다.

쇼텐을 처음 본 것은 2016년 가을이었다. 당시 쇼텐은 등록을 하지 못해 2군에서만 뛰고 있었다. 박 감독은 함께 2군 경기를 보던 필자에게 "저 선수를 잘 보세요. 3부 리그에서 뛰고 있는 걸 테스트 보고 데려왔습니다. 실력이 좋아서 올해 등록을 못 시켰는데도 잡고 있어요. 내년은 팀과 나를 많이 도와줄 겁니다."라고 했었다. 쇼텐은 2017시즌 많은 비난에 시달렸었다. 쇼텐이 큰 실수를 몇 차례 하기도 했으나 그 혼자만의 잘못은 아니었다. 실력과 공헌에 비해 상대적으로 많은 비난을 받았고, 그를 신뢰하는 박 감독도 지탄을 받았다.

쇼텐은 끝내 팀 강등을 막지는 못했지만, 꾸준한 모습을 보여 줬다. 성실함을 무기로 자신이 지닌 능력을 끌어올렸다. 결국 세계적인 명장 카펠로 감독의 눈에 들어 연변팀에 이적료를 안기고 떠나게 됐다. 그는 연변과 박태하를 만나고 인생이 달라졌다. 이후 일이지만 쇼텐은 2018시즌이 끝나고 박 감독이 연변을 떠날 때 직접 한국어로 문자를 보내기도 했다. 조선족인 아내 도움을 받아 박 감독에게 진심 어린 메시지를 보냈던 것이다.

쇼텐이 떠나던 날 제 3자인 필자도 가슴이 뭉클했다. 쇼텐이 얼마나 큰 마음고생을 했는지 알았기 때문이다. 박 감독은 당시 쇼텐에 관해 문자 이렇게 말했다. "그래도 얼마나 좋습니까. 1년 동안 잘 키워서 팀이 어려울 때 좋은 가격을 받고 이적시킬 수 있었잖아요. 다른 생각도 많지만, 저는 연변팀은 그렇게 살아야 한다고 생각해요. 정체성을 유지하면서 좋은 선수를 만들어 이적시키는 팀. 그래야 우리 팀 자생력도 생기고 선수도 오고 싶어하지 않겠습니까."

연변과 박 감독은 그렇게 새로운 시대를 준비하고 있었다. 열광을 넘어 지속할 수 있는 팀을 바라보고 있었다. 화려하지 않아도 단단하게 일정 이상의 성적을 내는 팀을 목표로 했다. 2018시즌을 준비하는 겨울은 매우 추웠지만 연변팀은 그때만 해도 일말의 희망을 가지고 있었다. 쇼텐은 그 희망의 증거이기도 했다.

스페인 전지훈련에서는 의미심장한 만남도 있었다. 박 감독의 절친한 친구이자 한국 축구 스타인 황선홍 감독이 FC서울을 이끌고 같은 장소에서 전지훈련을 한 것이다. 황 감독은 연변팀 연습 경기를 보다가 필자에게 이렇게 물었다. "이 팀이 지난 시즌에 강등됐다고요? 중국 수준이 그렇게 높은가요?" 황 감독은 박 감독과 함께 다른 팀 경기를 보며 웃기도 했다.

긴 겨울 끝에 만난 연변의 봄

연변팀은 새로운 얼굴들로 팀을 꾸렸지만 마지막까지 외국인 선수를 제대로 찾지 못했다. 에이스인 스티브가 매끄럽지 못하게 구이저우지청팀으로 떠나고 적당한 선수를 찾지 못했다. 무엇보다 돈이 문제였다. 박 감독과 코칭스태프는 전지훈련 기간 동안 외국인 선수 100명 정도를 살펴봤지만 영입을 제대로 하지 못했다. 어렵게 찾은 좋은 선수는 계약서 사인만을 앞둔 상황에서 연변행을 거절하기도 했다. 연변은 결국 시즌 개막을 앞두고 외국인 선수 두 명을 가까스로 영입했다. 한 명은 카메룬 대표인 메시였고, 다른 한 명은 K리그에서 좋은 활약을 펼쳤던 자일이었다. 사실대로 이야기하면 메시는 기대 이하였다. 그 선수에게는 기대를 걸기 어려운 수준이었다. 자일은 달랐다. 자일은 골을 넣는 능력으로만 보면 가격 대비 최고인 선수였다. 2017시즌 K리그 클래식

(1부 리그)에서도 16골이나 넣었다. 부상이 아니었다면 득점왕도 할 수 있었다. 박태하 감독도 "자일에게 수비는 신경쓰지 말고 공격에만 집중하라고 할 예정입니다."라며 은근히 기뻐했다.

긴 겨울 동안 불안감이 많이 올라왔지만, 연변팀은 원정으로 치른 개막전에서 승리했고 초반 6경기에서 3승 2무 1패를 기록했다. 6경기에서 3골만 넣으면서도 3승을 잡으면서 다시 분위기를 끌어올렸다. 4라운드 다롄 원정에서는 수비수 리차드 구즈미치를 최전방으로 올려 결승골을 뽑아 내기도 했다. 팬들도 의혹의 눈초리를 거두고 연변의 봄을 만끽했다.

6라운드 저장이텅팀과 한 경기는 아직도 기억에 남는다. 전반 3분만에 선제골을 내줬고, 후반 3분에는 외국인 수비수 구즈미치가 퇴장을 당했다. 좋은 흐름을 내주고 패배를 받아드는 수밖에 없었다. 경기에 집중하고 있는데 경기장에서 낯익은 노래 소리가 들렸다. 귀를 의심했다. 중국 저장성 샤오싱시에 있는 경기장에서 나올 만한 노래가 아니었기 때문이었다. 〈고향의 봄〉이었다. 필자는 물론이고 한국에서 태어난 사람이라면 누구나 초등학교 때 배우는 노래다. 연변 팬들은 그 급박한 상황에서도 우리네 동요를 불렀다.

"나의 살던 고향은 꽃피는 산골. 복숭아꽃 살구꽃 아기진달래. 울긋불긋 꽃 대궐 차리인 동네. 그 속에서 놀던 때가 그립습니다.

꽃동네 새 동네 나의 옛 고향. 파란 들 남쪽에서 바람이 불면. 냇가에 수양버들 춤추는 동네. 그 속에서 놀던 때가 그립습니다."

경기장에서 같이 노래를 부른 것도 아닌데 가슴이 찡했다. 주책 없이 잠시 노래를 같이 부르기도 했다. 연변에 가면, 연변팀 경기를 보면 갑자기 놀랄 때가 있다. 연변팀에는 거친 응원가는 많지 않다. 연변팀 팬들은 화가 날 때도 〈아리랑〉을 부르고, 〈고향의 봄〉을 제창한다. 유럽에서 배워 온 응원가가 표준처럼 자리 잡은 상황에서 어찌 보면 조금 촌스럽다고 할 수도 있겠다. 다만 연변에서는 축구가 곧 정체성이라는 걸 제대로 알 수 있다. 선수들도 〈고향의 봄〉을 부르는 팬들을 위해 뛴다는 게 어떤 의미인지 알고 있을 것이다.

팬들의 노래를 들었을까? 연변팀은 그 경기에서 극적으로 동점 골을 넣었다. 10명으로 뛴 연변팀은 값진 승점 1점을 들고 고향으로 갈 수 있었다.

롤러코스터 속 100번째 경기

연변은 이후 거짓말처럼 3연패를 당했다. 기대가 커졌던 팬들은 더 크게 실망했다. 그 사이 의미 있는 경기가 찾아왔다. 박 감독이 연변에 부임한 이후로 리그 100번째 경기를 맞은 것이다. 프로 세계에서는 한 팀에서 100경기를 치르기가 매우 어렵다. 게다가 중국 슈퍼리그 무대에서는 더더욱 그런 기록을 세우기 어렵다. '대륙의 별'이라는 별칭을 얻었던 이장수 감독도 한 팀에서 100경기를 하지는 못했다. 광저우헝다팀을 아시아 최고로 이끌었던 마르첼로 리피 감독도 마찬가지다. 연변팀 역사에도 고훈, 리호은, 故 정지승 감독만 100경기를 지도했다.

3연패 중이었기에 10라운드 베이징베이쿵팀 원정 경기를 박 감독 100번째 경기로 기념하기는 어려워 보였다. 인터뷰라도 해놓으려고 박 감독에게 전화하니 감독 자신도 모르고 있었다. 박 감독은 시기가 시기인지라 말을 아꼈다. 그는 "정말 몰랐어요."라며 웃었다. 그러더니 잠시 생각에 잠겼는지 말을 이어 가지 못했다. 누구도 동의하지 않았던 연변 부임 그리고 기적 같은 우승과 안타까운 강등이 주마등처럼 머리를 스쳐 갔을 지도 모른다.

"어려운 시기를 보내고 있지만 선수들이 열심히 해주고 있어서 행복합니다. 감독이 가질 수 있는 낙이 뭐 있습니까? 결국 선수들이 잘 따라 주는 게 가장 좋은 일입니다. 연변에서 정말 많은 일이 있었지만 행복한 기억이 훨씬 더 많습니다. 지금도 어려운 시즌을 보내고 있지만 행복하다고 말할 수 있죠."

베이징베이쿵팀과의 경기는 극적이었다. 선제골을 내주고 최인이 2골을 넣었지만 다시 1골을 내줬다. 최인은 후반 36분에 기어이 해트트릭을 달성하며 역전승을 이끌었다. 연변은 박 감독 100번째 경기를 그렇게 기념했다.

"우리 애들 못 버리고 갑니다."

연변은 극적인 승리 뒤에 다시 한 번 3연패를 당했다. 이 과정에서 주전 스트라이커 자일이 골을 넣지 못하면서 논란이 커졌다. 실력이 한참이나 낮은 메시도 골을 넣었기에 자일 입지는 더 좁아졌다. 자일은 12라운드 칭다오황하이팀과의 경기에서 종료 직전 페널티 킥까지 놓치며 패배로 팀을 밀어 넣기도 했다. 결국 자일과 자일을 중용한 박태하 감독을 비판하는 목소리가 커졌다. 밖에서 보기에도 매우 묘한 상황이었다. 거의 축구 선수 구실을 못하는 메시는 골을 넣고 자일은 골을 넣지 못하고 있었다. 축구는 모른다는 생각이 다시 한 번 들었다.

칭다오황하이팀 경기가 끝난 뒤에 일이 벌어졌다. 경기장에서 몇몇 팬들이 박 감독 사퇴를 외치기도 했다. 질문도 전에 없이 날카로웠다. 한 기자는 박 감독에게 사퇴를 외친 팬들에 대한 생각을 물었다. 박 감독은 "구단에서 가라고 하면 가겠습니다. 제가 있는 동안에는 우리 애들을 위해 최선을 다하겠고 언젠가 자연스럽게 헤어지는 날이 가장 아름다운 이별이라고 생각합니다."라고 답했다. 그는 무언가 말이 부족했는지 외국인 선수 영입에 관한 질문을 받고 상황을 설명하다 "우리 선수들이 너무나 열심히 따라주고 있고 정말 너무도 노력하고 있기에, 연변을 떠나지 못합니다. 저는 스스로, 제 손으로 우리 애들을 못 버리고 갑니다."라고 답했다.

"우리 애들을 못 버리고 갑니다."라는 박 감독 말은 연변 사회에 다시 한 번 큰 반향을 일으켰다. 그 날 기자회견이 끝나자마자 한 기자가 박 감독을 따라 나온 게 그 첫 번째 울림이었을 것이다. 박 감독 말에 따르면, 그 기자는 "감독님, 저렇게 생각하는 사람이 많지 않아요."라고 말하다 울어 버렸다고 한다. 박 감독이 오히려 놀랐을 정도다. 많은 연변 사람들, 조선족 사회는 여전히 박 감독을 아끼고 있었다. 박 감독이 이뤄 낸 것과 상징성을 모두 지키고 싶어했다. 조금은 과하다 싶을 정도로 깊은 순애보였다.

중국 축구 협회 제안을 거절한 박태하

지금 이야기할 수 있는 건, 박 감독도 미련스럽기는 마찬가지였다는 것이다. '2018 러시아 월드컵'이 열린 시기에 박 감독이 중국 축구 협회로부터 제안을 받았다는 것을 알게 됐다. 중국 축구 협회에서 19세 이하 대표팀을 맡기고 싶어한다는 이야기였다. 박 감독은 계약을 6개월밖에 남겨 두고 있지 않았다. 중국 축구 협회가 외국인 감독, 그것도 한국인 감독에게 19세 이하 대표팀을 맡긴다는 것은 큰 의미다. 미래에 대한 투자가 확실한 중국 축구 협회는 이미 19세 이하 팀을 독일에서 훈련시키고 있었다.

당시 박 감독 가족은 독일에서 지내고 있었다. 아들 둘이 독일에서 공부를 하고 있었고 박 감독 아내는 독일을 오가고 있었다. 중국 축구 협회에서는 이를 알고 고위 임원을 보내 독일에서 생활할 수 있게 해주겠다는 제안을 하기도 했다. 중국 축구 협회는 박 감독을 탐냈다. 무엇보다 어려운 상황에서도 선수들을 하나로 만들고, 어떤 상황에서도 심판 판정을 존중하려고 노력했기 때문이다. '중국의 홍명보'라 불리는 자슈첸 중국 여자 국가 대표팀 감독은 연변 사장이 중국 축구 협회를 방문했을 때 "퍄오타이샤(박태하 중국 발음) 좀 잘라요. 우리가 좀 쓰게."라고 말하기도 했다.

명예 사회인 중국에서 국가 대표팀은 연령과 성별을 불문하고 엄청난 명예다. 주위에서는 박 감독에게 가는 게 좋겠다고 조언한 이도 많았던 것으로 알고 있다. 냉정하게 이야기하면 박 감독에게도 좋은 기회였다. 무엇보다 3년 넘게 떨어져 살았던 가족들과 함께 살면서 일할 수 있었다. 지원이 좋지 않은 상황에서 비난 여론도 오르내리기도 했다. 박 감독은 이를 고사했다. 아직도 기억난다. 박 감독은 7월에 필자가 연변을 찾았을 때 파스타와 피자를 먹으며 말했다.

"안 가기로 했습니다. 고맙지만 여기서 계약을 다 이행하고 싶다고 말했습니다. 저는 인연과 약속을 중요하게 여기는 사람입니다. 어디를 가더라도 연변과 한 계약을 마치고 가고 싶어요. 아직 계약이 6개월 정도 남았어요. 그때 가서 제안이 다시 오면 모를까, 지금은 어디도 갈 수 없어요."

내심 박 감독과 연변이 계약 기간까지 함께 하길 바라고 있었다. 박 감독이 좀 더 연변과 한국 사이로 난 다리를 든든하게 해주고 바통을 다른 이에게 넘겨줬으면 좋겠다고 생각했기 때문이다. 물론, 그 선택이 박 감독 입장에서 옳았는지 잘못됐는지는 지금도 정확히 알 수 없다. 다만 박 감독은 "제 손으로 우리 애들 못 버립니다."라는 약속은 지켰다. 그런 마음을 선수들도 읽었던 걸까? 연변은 월드컵이 끝난 후 7, 8월에 치른 8경기에서 4승 2무 2패를 거두며 위기를 넘겼다.

예정된 이별, 예기치 않은 결말

2018년 10월, 박 감독이 계약을 연장하지 않는다는 보도가 연변에서 나왔다. 재계약 하지 않으리라는 예상이 주류였지만, 막상 기사가 나오니 연변 팬들은 슬픔을 감추지 못했다. 그 발표가 나온 시점과 분위기 때문이기도 했던 것 같다. 연변은 2018시즌 특히 판정 때문에 분노하는 일이 많았다. 특히 홈에서 미심쩍은 판정이 나오는 경우도 많았다. 오심은 아니었지만, 심판이 상대 선수 이야기를 듣고 판정을 한 것도 있었다. 심판은 자신이 못 본 것에 대해서는 판정할 수 없다. 웬만하면 판정 이야기를 잘 하지 않는 박 감독도 몇 차례 판정에 관해 강한 메시지를 남기기도 했다. 10월 6일 칭다오황하이팀에 1:2로 진 뒤에는 중국 축구가 한심하다는 이야기를 던지기도 했다.

"내가 중국에 온 지 4년째인데 항상 이런 이야기를 했다. 지도 자로서 애들을 어떻게 가르치겠는가? 스포츠는 정정당당해야 하 는데 어이가 없다. 애들은 땀을 흘려 정당한 대가를 받아야 하는 데 엉뚱한 데서 (승부가 갈린다)...이러니 중국 축구 발전이 있겠는 가? 더 이상 할 이야기도 없다. 나는 중국 축구 한심하다고 생각 한다."

이런 상황에서 박 감독이 재계약 하지 않는다는 이야기가 나오 자 팬들은 비난이 아니라 자책하기 시작했다. 박 감독을 자신들이 잘 지키지 못해서 갖은 고초를 겪게 했다는 것이다. 연변 팬들은 후해도 정말 너무 후했다. 박 감독이 연변팀을 키웠지만, 연변팀 이 박 감독을 성장시키기도 했다. 연변 팬들은 박 감독이 떠나지도 않았는데 떠난다는 이야기만 듣고도 눈물을 흘렸다.

10월 20일, 터질 게 터졌다. 박 감독은 이날 저장그린타운팀과 한 경기에서 후반 추가 시간에 홈팀이 이해하기 어려운 연속 코너킥을 계속해서 받고 그 과정에서 결승골을 터뜨리자 강하게 항의했다. 항의 끝에 선수들을 불러내기에 이른다. 돌아보면 조금 과한 행동이었으나 당시에는 터질 게 터졌다고 생각했다. 워낙 심판 판정에 스트레스를 많이 받았었기에 그 응어리가 폭발한 것이다. 어수룩한 심판은 몰수패가 아닌 종료 휘슬을 불어 경기를 끝냈다. 그 대응조차 판정처럼 단호하지 못했다.

10월 28일에 연변에서 하는 박 감독 홈 마지막 경기를 취재하러 갈 계획을 잡아 놓았기에 놀랄 수밖에 없었다. 더 놀랐던 것은 박 감독 상황이었다. 사실 그때 이미 박 감독이 시즌이 끝난 뒤 중국 여자 축구 대표팀 B팀과 19세 이하 대표팀을 맡기로 돼 있었다. 중국 축구 협회가 한 번 거절 당한 이후에도 삼고초려를 해 시즌을 마친 뒤 합류하기로 결정을 내린 상황이었다. 계약서에 사인을 하지 않아 발표는 못했지만 박 감독 행선지는 거의 확정적이었다. 박 감독은 중국 축구 협회와 일하기로 결정하고도 중국 축구 협회 심판을 향해 격한 행동을 한 것이다. 필자라면 절대로 그렇게 못했을 것이다. 옳고 그름을 떠나서 행선지가 없어질 위험도 생길 수 있었다.

▲2018년 10월 26일, 박태하 감독 공식 이임식

10월 26일, 바 감독 공식 이임식 및 기자회견이 예정돼 있었다. 필자는 27일 오후에 연변에 도착하는 일정이었다. 26일 아침부터 심상치 않은 이야기를 계속 전해 들었다. 이임식 행사가 박 감독 건강상 이유로 미뤄졌다는 것이다. 그리고 구단은 오후에 박 감독과 단장 격인 김청 코치를 해임한다고 공식 발표했다. 팬들은 엄청나게 분노하기 시작했다. 전략적인 판단일 가능성이 크다는 것은 거의 모두가 알고 있었지만, 2경기를 남겨 두고 박 감독을 경질한 구단에 분노를 금치 못했다.

27일, 연변에 도착하자마자 구단 사무실로 가서 박 감독을 만나니 건강은 전혀 이상이 없어 보였다. 경질된 이라고 볼 수 없을 정도로 평온했다. 박 감독은 "저는 괜찮아요. 혹시 구단이 승점 감점을 받을 수 있다는 이야기가 있었어요. 승점 감점을 받아 강등되면 큰일이잖아요. 저는 어떻게 돼도 괜찮다고 말했어요."라고 설명했다. 머리로는 이해하면서도 아쉬움은 줄어들지 않았다. 그날 조금 더 참았다면 좀 더 부드럽게 이별할 수 있었다는 생각이었다. 무엇보다 미리 팬들을 아프게 하지 않을 수도 있었을 것이다. 박 감독 경질 사실은 한국에 기사도 쓸 수 없었다.

나중에 알고 보니 박 감독은 팀이 해를 입지 않도록 적극적으로 뛰어 다녔다. 자신을 영입한 중국 축구 협회 인사에게 전화를 해 팀이 피해를 입는다면 계약하지 않겠다는 엄포도 놨었다고 한다. 결국 연변은 승점 감점이 아닌 벌금을 내는 것으로 끝났다. 아름다운 마무리는 아니었지만 불행으로 끝나지도 않았다. 조금은 미련한 로맨스인 것은 분명했다. 물론 팬들은 박 감독 명예가 더럽혀졌다며 개탄을 금지 못했다.

"사회적인 지위가 있는 분을, 연변을 위해 4년 동안 땀 흘리며 고생하신 분을 명예롭게 보내 드리지는 못할 망정, 팬들이 배신감을 느낄 정도로 (일을) 처리하지 못한데 대해 구단

지도층에 유감을 넘어 실망을 표하는 바이다…(중략) 최은택 감독님 버금으로 우리 민족을 위해 책임을 다하신 위대한 영웅으로 박태하 감독님을 영원히 기억할 것입니다. 고맙습니다.” (한 팬이 기사에 남긴 댓글)

미련한 로맨스의 끝, 눈물 그리고 통곡

10월 28일에 치른 스좌장융창팀 경기는 경기보다 경기 후가 더 뜨거웠다. 중국 각지와 해외에 사는 팬들이 박 감독 마지막 홈 경기를 보기 위해 모였기 때문이다. 임주학 씨는 박 감독 마지막 경기를 보려고 미국 알래스카에서 날아오기도 했다. 박 감독도 이후 그 소식을 듣고 “아이고.”를 연발했다.

연변은 이날 경기에서 0:3으로 패했지만 잔류는 확정 지었다. 경기가 끝난 뒤에는 경질된 박 감독 송별 행사가 공식적으로 열렸다. 상황은 조금 이상했지만, 많은 팬들은 박 감독 마지막을 보기 위해 추위에도 경기장을 지켰다.

박 감독이 작별 인사를 하며 눈물을 흘리자 관중석에서는 흐느끼는 소리가 들렸다. 정말 많은 팬들이 박 감독보다 더 굵은 눈물을 흘렸다. 팬들에게 작별 인사를 한 박 감독은 선수들과 포옹하며 마지막 인사를 나눴다. 그라운드를 씩씩하게 누비던 선수들도

▲2018년 10월 28일, 박태하 감독 마지막 홈 경기(고별전)

눈이 벌겋게 됐다. 몇몇 선수는 눈물을 훔쳤다.

　그 중에서 유독 슬피 우는 선수가 있었다. 김파였다. 필자가 2015년 연변을 찾았을 때 가장 먼저 이름을 외웠던 선수였다. 박 감독이 워낙 "김파야! 김파야!"라고 소리를 질렀었기 때문이다. 궁금한 나머지 하태균에게 "감독이 김파를 싫어해요?"라고 묻기도 했었다. 하태균은 "김파를 아껴서 그래요."라며 웃었었다.

　김파는 2016년에 엄청난 활약을 보였었지만, 2017시즌부터는 별다른 모습을 보여 주지 못했다. 김파가 잘해야 연변이 사는데,

▲김파 선수

그렇지 못했기에 강등을 피하지 못했다. 김파가 못해서 강등당한 것은 아니었지만, 김파가 좀 더 잘했다면 살아날 가능성도 있었다고 본다. 그만큼 김파는 좋은 선수였다.

라커룸에서 나오는 김파를 잡아 인터뷰를 했다. 김파는 여전히 울고 있었다. "감독님이 많이 아꼈던 것 알죠?"라고 묻자 김파는 연신 한 손으로 눈물을 닦으며 대답했다. "네. 그래서 제가 더 슬픕니다. 제가 좀 더 잘해드렸어야 했는데 그렇게 하지 못해서 너무 죄송합니다."

사랑 받았던 사람은 안다. 그게 당연해서 하찮게 여기다가도 헤어짐이 가까워 오면 그게 무엇인지 절감하게 된다. 김파는 여러 가지 이유로 박 감독 기대에 부응하지 못했기에 더 슬픈 것 같았다. 김파는 인터뷰를 하는 내내 훌쩍거렸다. 아마 많은 선수들이 김파와 비슷한 감정이었을 것이다. 팬들도, 박 감독도 김파처럼 슬퍼했을 것이다.

"헤어질 줄은 알았지만 이렇게 슬플지는 몰랐습니다. 어제까지도 잘 몰랐는데 오늘 헤어지니까 너무 슬프네요. 너무 슬퍼요. 타지에 와서 정말 고생이 많으셨잖아요. 최근에 얼굴을 보니 너무 힘들어 하신 것 같아서 마음이 아픕니다."

그날 저녁, 박 감독은 팬들이 모인 자리에 모습을 드러냈다. 최국권 연변TV 아나운서가 특별히 만든 자리에 잠시 들른 것이다. 박 감독은 팬들과 직접 만나는 것은 지양해 왔다. 한 곳에 가면 다른 한 곳에 안 갈 수 없고, 서운함을 불러일으킬 수 있기 때문이었다. 이날만은 달랐다. 박 감독은 미국 알래스카에서 자신의 마지막 경기를 보러 날아온 임주학 씨를 언급했다. "알래스카에서 왔다는데 안 가볼 수 없잖아요. 정말 대단한 분들입니다."

그 자리에 잠시 들른 뒤 박 감독과 위창룽 구단 사장과 검찰과 공안 고위 간부가 있는 자리에 함께 갔었다. 팬들이 모인 곳과는 달리 분위기가 차분했지만, 이 나이가 지긋한 분들도 박 감독이 가는 걸 진심으로 서운해하고 있었다. 연배가 가장 높은 검찰장은 말없이 연신 독주를 들이켰다. 김호 공안국장은 "박 감독이 정말 큰 일을 했어요. 한국과 중국을 잇는 최고의 외교관."이라고 말했다. 위창룽 사장은 눈물을 흘렸다. 위창룽 사장은 "박 감독님은 무엇보다 우리를 존중했어요. 박 감독과 같은 사람과는 어떤 일도 할 수 있습니다. 나중에 제가 어디를 가면 박 감독과 꼭 다시 함께 하고 싶습니다."라며 눈시울을 붉혔다. 백발이 성성한 장년 남자들은 그렇게 이별을 아쉬워했다.

박 감독은 이후 며칠 뒤 연변을 정말 떠났다. 연변에서 한국으로 오는 비행기에 탄 박 감독과 통화를 했다. "정말 끝이네요. 그래서인지 긴장이 탁 풀려 몸에 힘이 빠지네요."

잠시 연변을 떠나 있기도 했지만, 거의 4년 동안 연변과 동고동락했던 김혁중 분석관도 쉽게 이별을 입에 올리지 못했다. "위챗 모멘트에 뭐라도 작별 인사를 남길까 했는데, 그걸 쓰면 완전히 끝나는 것 같아서 참고 있어요. 추억이 참 많았나 봅니다. 정리가 안되네요." 연변과 인연을 맺었던 이들은 그 인연을 쉽게 끊지 못했다. 그 끈을 어떻게 더 붙잡고 있을지 고민했다. 김 분석관은 "연변을 위해 뭔가 꼭 하고 싶어요. 유소년을 잘 키우는 걸 도울 수 있을까요? 좋은 선수를 키워야 프로도 강해질 수 있을 텐데요. 부족하지만 뭐라도 꼭 하고 싶네요."라며 생각에 잠겼다.

황선홍이 이어 받은 바통

박 감독 후임을 두고 또 다시 소문이 떠돌았다. 예전에 박 감독 후임을 구하겠다고 한국을 돌아다니던 이들이 먼저 움직였다. 위창룽 사장도 뒤이어 후임 감독 인선 작업에 들어갔다. 그때부터 한국 에이전트들이 전화를 많이 걸어왔다. 누가 연변팀 감독이 되느냐는 질문이 주류였다. 몇몇은 어떤 감독이 연변팀에 간다고 알려 준 이도 있었다. 여러 감독이 거론되다가 결국 한 감독이 유력하다는 이야기가 나왔다.

한국 한 매체가 단독 보도로 박충균 전 톈진첸젠팀 감독이 연변팀 지휘봉을 잡을 거라 보도했다. 연변에 있는 지인들이 정말이냐고 물었지만 아는 걸 대답해 줄 수는 없었다. 필자가 알던 것과는 조금 달랐기에 박충균 전 감독에게 직접 전화를 했다. 박충균 전 감독은 "연변 사장과 만난 것은 사실인데 아직 아무것도 결정된 게 없습니다. 얼굴 보고 이야기하시죠."라고 말했다. 마침 박충균 전 감독이 사는 성남에 갈 일이 있었기에 일이 끝난 뒤 빵집에서 그를 만났다.

"머리 하얀 분이 연변 사장 맞죠? 그분이 찾아오셔서 만나긴 했습니다. 그분들이 함께 해줬으면 좋겠다는 이야기는 했어요. 그래서 저도 원하는 부분을 말씀 드렸습니다. 그런데 답을 주기로 한 시간까지 답을 받지 못했어요. 결과적으로 연변으로 갈 가능성은 크지 않은 것 같습니다."

박충균 전 감독 이후 후임으로 거론된 이는 매우 흥미로웠다. 2018시즌 중반 FC서울에서 자진 사임한 황선홍 감독이 계약할 가능성이 크다는 이야기가 들려 왔다. 황 감독은 박태하 감독 친구이고 지난 2018년 1월 스페인 전지훈련에서 연변팀을 직접 보기도 한 이였다. 박태하 감독이 이어 준 것은 아니었다. 2018년 중반부터 계속해서 연변이 해체될 수 있다는 소문이 돌 정도로 팀 사정이 좋지 않았다. 박태하 감독에게 전화를 걸어 단도직입적으로 묻자 웃음이 돌아왔다.

"난 절대 아닙니다. 안 그래도 연변에서 좋은 감독을 소개해 달라는데 절대 못한다고 했어요. 제가 여기 상황도 너무 잘 알고, 한국 감독들도 잘 압니다. 양쪽 모두가 중요하기 때문에 더더욱 소개해줄 수가 없죠."

박태하 감독은 정말 황선홍 감독을 소개해주지 않았느냐는 질문에 "구단에서 그럼 전화번호만 가르쳐 달라고 하기에 정말 전화번호만 가르쳐 줬습니다."라고 털어놨다. 박태하 감독 말은 거짓말이 아니었다. 나중에 황선홍 감독을 영입하는 과정을 취재하니 연변 구단에서 황선홍 감독에게 직접 전화를 걸어 영입을 타진했었고, 황선홍 감독은 여기에 흥미를 보였음을 알게 됐다.

　물론 연변 구단은 황선홍 감독과 협상하고 합의에 다다랐다
는 것을 절대로 인정하지 않았다. 리철 부총경리는 "그런 이야기
는 어디에서 들었습니까? 아직 결정된 것은 아무것도 없습니다."
라고 답했다. 황선홍 감독이 그 다음날 아침에 연변으로 가는 비
행기를 탄다는 것까지 취재했는데도 구단에서는 모르쇠였다. 연
변 구단이 그렇게 프로답게 일하는 것은 전에 보지 못했다. 다음
날 아침에 황선홍 감독이 연변으로 간다는 기사를 쓰자 연변 구단
은 오후에 황선홍 감독이 연변 구단에서 웃고 있는 사진을 공개했
다. 동갑내기인 리철 부총경리가 저녁에 문자를 보내 왔다. "취재
를 참 잘했네요."

　팬들은 열광했다. 박태하 감독이 가고 '2002 한일월드컵' 영웅
황선홍 감독이 부임한 것에 흥분을 감추지 못했다. 황선홍 감독
은 포항과 서울에서 이미 우승컵을 들어올린 경험도 있었다. 연변
팬들은 황선홍 감독이 포항 시절에 만든 '스틸타카(스틸러스＋티키
타카, 공을 짧게 주고 받는 축구)' 영상을 돌려보며 기대감을 끌어올렸
다. 필자도 전혀 예상하지 못했던 전개였다. 2018년 1월 스페인
에서 박태하 감독과 황선홍 감독이 함께 앉아 경기를 보는 사진을
이렇게 쓸 줄은 몰랐다. 그때만해도 연변이 고생 끝에 좋은 궤도
에 오르는 듯했다.

▲2018년 1월 전지훈련, 박태하와 황선홍

흉흉한 소문

황선홍 감독이 부임한 이후에도 흉흉한 소문은 그치지 않았다. 연변 구단이 한국 돈으로 약 500억 원 정도 부채를 감당하지 못해 파산할 수도 있다는 이야기였다. 황선홍 감독이 태국 전지훈련에 합류한 이후에도 계속해서 심상치 않은 조짐이 있었다. 연변 주체육국과 연변 축구 협회는 기자회견을 열어 상황이 심각하다고 알리기도 했다.

상황이 이러니 한국에서도 기사가 나기 시작했다. 톈진첸젠팀 지휘봉을 잡았던 최강희 감독이 모기업이 갑작스럽게 해체되면서 자리를 잃은 데 이어 황선홍 감독도 팀 파산 위협을 받고 있다는 내용이었다. 중심을 잡기 어려웠다. 현지 관계자들도 발언이 엇갈렸다. "주정부에서 이야기한 게 맞다. 심각하다."라는 이도 있었고, "중국 축구단 중에 빚이 없는 구단은 없다. 누군가 일을 꾸미는 것 같다."는 이도 있었다.

빚 없는 구단이 없다는 말은 사실이었다. 연변 부채는 총액으로 봐도 크지 않았다. 연변 구단 주도권을 두고 다툼이 벌어진 것도 오래된 일이다. 팬들은 축구팀이 가지는 상징성과 성적을 관심사로 두지만, 몇몇 이들은 누가 그 구단을 좌지우지하는가에 관심을 가지기 마련이다. 연변에서도 그런 일이 없을 수는 없다. 취재를 계속하면서 그래도 연변이 파산에는 이르지 않을 것이라는 대답을 들을 수 있었다. 재정을 담당하는 부서에서도 변재 계획만 잘 세워 오면 말미를 주겠다는 답을 줬다고 들었다.

"연변이 어떤 팀인데요. 연변은 조선족 자치주 상징입니다. 우리에게 남은 것은 축구밖에 없습니다. 높은 사람들도 그걸 잘 알고 있어요. 함부로 팀을 없애지는 못할 겁니다."

2019년 1월, 그 답을 듣고서야 황선홍 감독에게 전화를 할 수 있었다. 황 감독은 태국 전지훈련에서 돌아와 한국에서 잠시 쉬고 있었다. 황 감독에게 전지훈련 가실 준비는 잘 하고 계신가요? 요즘 전화 많이 받으시죠?"라고 물었다. 황 감독은 "사실 이래저래 전화가 와서 (팀 상황을 묻는데) 제가 할 수 있는 이야기가 없어서요. 우리는 계획대로 가는 것이고, 본분을 지키는 게 가장 중요하다고 생각합니다. 할 수 있는 걸 해야죠. 구단에서는 걱정 말라고 하더라고요."라고 답했다.

그는 태국 전지훈련이 만족스러웠다고 했다. 선수 파악은 하지 못했지만 분위기가 좋았다고 말했다. "저는 상당히 만족하고 있습니다. 책임감도 많이 느끼고 있고요. 3주 동안 만족스럽게 훈련했다고 생각합니다."

가장 묻고 싶었던 게 있었다. 황 감독이 일부러 가장 어려운 팀을 맡았다는 이야기를 들었다. 황 감독은 포항스틸러스와 서울에서 성공을 거뒀었지만, 2017시즌과 2018시즌에 서울에서 연달아 어려움을 겪었다. 새롭게 도전하고 싶어 사정이 좋지 않은 연변을 맡았을 수도 있었다.

"그런 건 아닙니다. 연변이니까 택했습니다. 뭐 아무래도 정서가 다른 중국 팀과는 다르지 않습니까. 선수들도 나쁘지 않습니다. 박태하 감독에게 어드바이스도 많이 받았고요. 어려운 것을 다 따지면서 다닐 생각은 아직 없습니다. 아직 젊기 때문에 다양한 문화와 사람을 경험하고 싶습니다."

황 감독도 연변에서 축구가 갖는 의미를 어느 정도 알고 있었다. 황 감독이 "연변이니까 택했다."라고 말하자 팬들은 바로 화답했다. 가장 어려운 시기에 손을 잡아 준 황 감독이 박 감독처럼 성공적인 생활을 할 수 있게 돕겠다고 다짐하는 이들도 많았다. 황 감독과 연변은 추운 겨울을 그렇게 버텼다.

도둑처럼 찾아온 파산, 산산이 조각난 팬심

2019년 2월, 걱정을 조금 접고 유럽으로 떠났다. 회사에서 진행하는 축구 여행 프로그램과 휴가를 묶어 가족들과 함께 20일 정도 유럽에 머물 예정이었다. 개인적으로 충전을 해서 돌아온 후에 박태하와 연변이 동행한 4년에 관한 책을 쓸 예정이었다. 일정은 빠듯했지만 마음은 가벼웠다.

2월 20일 정도부터 다시 위챗이 들끓기 시작했다. 김혁중 분석관은 "정말 심상치 않은 상황입니다. 아마 팀이 파산할 수도 있을 것 같아요."라는 문자를 보냈다. 리그 참가 확정을 며칠 남겨 두지 않은 상황에서 갑자기 잠복해 있던 문제가 도진 것이다. 중국 축구 협회가 2019시즌 참가 발표를 하기 정말 며칠 전이었다.

유럽에서 필자가 할 수 있는 말은 "설마요."밖에 없었다. 며칠이면 다시 새 시즌을 시작할 수 있는데 불안감이 몰려왔다. 이탈리아에서 한국과 중국으로 전화를 돌리기도 어려웠다. 몇 군데 연락해 보니 정말로 심상치 않다는 이야기가 나왔다. 지금 푸더그룹이 파산을 선언하면 인수자를 찾을 수도 없다고 했다.

이탈리아 시간으로 22일 새벽, 문자 알람에 잠을 깼다. 김혁중 분석관이었다. "결국 팀이 해체됐네요." 김 분석관이 새벽부터 거짓말을 할 리가 없었지만 믿을 수 없었다. 연변 축구는 간도 시절부터 이어 온 정체성이자 2015년에는 다시 한 번 타올랐던 자랑거리였다. 그걸 누구도 지키지 못했다는 걸 이해할 수 없었다.

연변에서 4년 가까이 살았던 김혁중 분석관은 "연변이 지도에서 사라지는 듯한 아픔."이라고 말했다. 연변에서 트레이너로 일한 리영학 선생과 이 사건이 벌어진 한참 뒤에 연락했을 때도 "아직도 그 충격에서 벗어나지 못했다."는 이야기를 들을 수 있었을 정도다. 정말 참담함을 감출 수 없었다.

한국에 있는 다른 기자와 지인들도 필자가 유럽에 있는 걸 알면서도 문자를 보냈다. 연변이 그렇게 돼 자신들도 충격을 받았다는 것이다. 알게 모르게 연변 축구 소식에 관심을 가진 이가 많았다는 것을 뜻하지 않게 알게 됐다고 할까. 한국 K리그 구단에서 오래 일한 한 후배가 한 말이 기억에 남는다.

"연변 축구는 그러면 안 되는 거 아닌가요? 축구팀이 그 도시의 혼이라는 스포츠의 명제가 잘 어울리는 사례가 연변이었잖아요. 류형이 마지막 기사 잘 써주세요."

의심쩍은 파산, 사과 없는 마무리

귀국한 후 취재를 시작했다. 물리적인 거리가 있고, 한국처럼 취재원이 많지 않았기에 어려울 수밖에 없었다. 욕하는 사람은 많아도 누가 잘못했는지 왜 잘못됐는지 말해 주는 이는 많지 않았다. 박태하 감독도 이미 팀에서 나온 사람이었기에 그 상황을 잘 모르긴 마찬가지였다.

취재를 계속하다가 의미심장한 말을 들었다. 이름을 밝히길 거부한 한 관계자는 "100%는 아니겠지만, 좀 미심쩍은 부분은 있습니다."라고 말했다. 그는 "아무래도 시기가 너무 결정적이에요. 만약 푸더그룹이 1달 전에만 파산을 선언했더라도 연변팀을 인수할 기업을 찾을 수 있었을 겁니다. 그런데 누구도 손을 쓸 수 없는 시기에 그런 일이 벌어졌어요. 며칠 뒤에 리그 참가를 확정 지어야 하는데, 그때 누가 팀을 사겠습니까."라고 했다.

다른 한 관계자는 "한국 돈으로 500억 정도면 적은 돈은 아닙니다."라면서도 "중국에서는 선수 이적료가 매우 높습니다. 선수 몇 명만 팔아도 그 돈을 갚을 수 있지 않았을까요? 그런데 선수를 팔지 않았습니다. 팔지 못했던 것은 아닌지 의심이 됩니다. 불운

이 연속해서 겹치지 않고서야 이런 일이 일어나기 어려울 겁니다. 저는 누군가가 일을 꾸미진 않았더라도 팀이 안되길 바라는 이들이 있지 않았었나 라는 의혹이 듭니다."라고 말했다.

아주 깊은 곳까지는 취재를 하지 못했기 때문에 정확히 누가 어떤 일에 관여했거나 누가 어떤 나쁜 흐름을 방조했는지는 확실히 알지 못한다. 그래서 안타깝게도 누구를 비난하기도 어렵다. 다만, 한 가지는 확실하다. 연변 축구에 관계된 직함을 가지고 있는 모든 이들이 팬과 역사에 사죄해야 한다는 것이다. 연변 축구는 그저 공놀이가 아니다. 연변에서 태어났거나 연변에서 생활했던 이라면 모두 알고 있는 사실이다.

누구도 사과하지 않았다. 위창룡 사장도 연변주체육국도 연변 축구 협회도 누구도 사과하지 않았다. 그게 연변 축구의 현주소였다. 연변 축구 때문에 오랜만에 조선족 사회가 들썩이고 사람들이 움직이고 마음도 따라 흘렀었다. 모두가 연변 축구가 얼마나 중요한지 알고 있는데, 타지에서 태어나 고작 4년 정도 연변 취재를 한 필자도 아는데, 연변 축구를 이끌어 오고 이끌어 가겠다는 이들은 "유감이다."라는 말로 이 참사를 보냈다.

이들은 연변팀을 누군가의 팀이라고 생각했을 가능성이 크다. 누가 주도하느냐, 누가 계획을 짜느냐에 집중하지 않았을까? 물론 연변에만 이런 이들이 있는 것은 아니다. 한국에도 많고, 축구

선진국이라는 유럽에도 있다. 내가 혹은 우리가 바라는 대로 팀을 이끌지 않으면 의미가 없다고 본다. 이런 이들에게는 연변 축구의 의미라든가 연변 축구팬들의 마음은 큰 의미를 갖지 못할 가능성이 컸던 것이다.

사람들은 연변 축구가 아주 강하고 매력적이어서 좋아했던 게 아니다. 연변 축구가 발전한다고 해서 사람들의 생활이 좋아지지도 않는다. 보이지 않는 무형의 유산이었다. 연변 축구는 중국 내 다른 도시에 사는 동포들에게로, 한국으로, 또 다른 나라로 이어지는 다리 역할도 했었다. 팀이 없어지면서 이런 움직임과 의미가 위기를 맞았다. 필자가 계획했던 책도 어려워지긴 마찬가지였다. 책을 이런 내용으로 마무리할 줄은 몰랐다.

기억하고, 기록하자

마지막 내용이 이렇게 됐을지라도 기록은 중요하다. 한국에 있는 지인은 물론이고 연변 팬들도 팀이 없어지면 연변 축구도 없어지는 것이라 여기고 있다. 그 의견에 어느 정도 동의한다. 모두가 볼 수 있는 상징적인 팀이 있는 것은 매우 중요한 일이다. 연변 구단이 명맥을 유지하고 있었기에 2015년 박태하와 연변팀은 모두를 불러모을 수 있었다.

유형의 팀은 사라져도 무형의 자산은 남는다. 유형의 팀이 사라져서 슬프고 죽을 정도로 아픈 이유도 무형의 자산이 아직 남아 있기 때문이다. 연변과 박태하가 나눠 준 무형의 자산을 넘겨 받은 이들은 더 아플 수밖에 없다. 더 사랑할수록 아프고, 더 생각할수록 애통한 게 잔인한 삶의 법칙이다.

이 상황에서 책을 쓰는 게 무슨 소용이냐고 묻는 이들도 있다. 많이 팔리는 것은 둘째 치고라도 파산한 연변 구단을 되살리는데 아무 도움을 줄 수 없기 때문이다. 맞다. 이 책은 좋았던 기억을 되살리면서 아픈 감각까지 깨울 수 있다. 그리고 책을 본다고 해서 당장 미래가 달라지진 않는다.

그러나 기록은 기억을 지배한다. 시쳇말을 쓰는 것을 좋아하진 않지만, 이는 옳은 이야기다. 기록을 남겨서 함께 공유하는 것과 그렇지 않고 기억만을 공유하는 것은 차이가 매우 크다. 연변만해도 그렇다. 연변은 축구에 대한 자부심이 매우 크고 '축구의 고향'이라고도 불리지만, 故 최은택 교수 시절 기록은 거의 남아 있지 않다.

그래도 故 최은택 교수가 한국으로 돌아간 이후 인터넷이라는 신문물이 널리 퍼지면서 기록의 조각들은 남았다. 그 조각들 때문에 박태하를 그렇게 돌려보내선 안 된다는 공감대가 더 널리 퍼지지 않았을까? 박태하는 故 최은택 교수 덕을 분명히 봤다. 故 최은택 교수가 없었다면 박태하도 없었을 가능성이 크다.

그래서 쓴다. 기록과 기억은 일반 사람들이 할 수 있는 가장 적극적인 행위일 수도 있다. 10대에 故 최은택 교수가 일으킨 불을 가슴에 받아 들였던 이들이 2015년 박태하에 열광했다. 한국에서는 그 세대들을 보고 연변과 연변 축구에 대해서 다시 생각하게 됐다. 그 수가 소수일지라도 의미가 없다고 말할 수는 없다.

10년이나 20년 뒤, 10대 때 박태하를 보고 환호했던 세대도 기성세대가 될 것이다. 단 한 번이라도 승리한 기억을 지닌 이들은 다르다. 마음을 주고 받았던 이들은 다르다. 당장은 아니더라도 이들이 연변 축구 정신을 간직하다가 구단을 다시 일으킬 수도 있는 것이다. 연변 축구는 기억돼야 하고, 어떻게든 이어져야 한다.

축구와 함께 연변 축구가 지닌 상징성과 확장성도 주목해야 한다. 축구는 벽을 허무는 좋은 도구다. 연변 팬들은 축구 때문에 서로를 알고 공동체를 이뤘다. 필자는 물론이고 많은 외부인들이 연변 축구 때문에 연변을 다시 주목하게 됐다. 연변 축구가 지닌 힘과 가능성을 포기할 수 없기에 계속해서 오숩소리(조용히, 순 우리말이며 연변에서 자주 쓰는 단어) 써야 한다.

히스토리 3.

간도와 조선인은 곧 축구였다

故 정지승 감독은 연변을 이끌고 100경기 이상을 지도한 감독 4명 중 1명이다. 故 정 감독은 충북 진천 출신으로 어려서 연변으로 이주했었고, 2001년엔 다시 한국으로 돌아와 국적을 회복하고 말년을 보내다 별세했다. 축구 수집가인 이재형 〈베스트 일레븐〉 이사는 故 정지승 감독을 연변을 방문했을 때 만났다고 했다. 故 정 감독은 이 이사에게 "내가 동북호랑이야."라며 이야기 보따리를 풀었었다.

故 정 감독은 박태하 감독이 2015년 중국 갑급리그 우승을 이끌기 이전에 마지막으로 우승을 경험했던 팀(당시 길림)의 일원이기도 했다. 故 정 감독은 이 이사에게 자신이 당시 입었던 유니폼을 보여 주기도 했다. 필자도 그 유니폼을 실제로 보고 사진도 찍

었었는데, 세월에 옷은 조금 낡았지만 흰색으로 쓴 길림(吉林)이라는 글씨만은 여전했다. 고 정 감독은 문화대혁명 때 유니폼과 사진 그리고 교본 등을 몰래 묻어 뒀다가 한국으로 가져왔다고 했다.

정 감독이 선수로 뛰던 시절 연변은 매우 강했다. '1996 잉글랜드 월드컵'에서 이탈리아를 꺾고 8강에 진출한 북한 '천리마 축구단'은 월드컵을 앞두고 연변과 몇 차례 연습 경기를 했는데 막상막하였다고 한다. 중국 국가 대표팀이 연변에 와서 연습을 했다는 기록도 많다. 당시에 중국 대표팀도 연변을 잘 이기지 못했다고 한다.

앞서도 썼지만, 간도와 조선인은 축구의 대명사이기도 했다. 간도로 이주한 조선인들은 유독 축구를 잘했기 때문이다. 벼농사를 지으며 한 품앗이가 좋은 팀워크로 이어진 것이다. 신흥 무관 학교, 장동 학교, 명동 학교 등은 축구를 잘하기로 유명하기도 했다. 연변에는 여전히 "조선족 학교 반 대표가 한족 학교의 학교 대표보다 강하다."라는 이야기가 있다.

간도, 연변은 역사적으로도 축구와 인연이 깊을 수밖에 없는 고장이다. 연변 들판과 강에는 여전히 축구가 흐르고 있다. 그 곳에서 자란 이들은 축구와 멀어지려야 멀어질 수가 없다.

에필로그

축구는 사회 안에 있다. 독립자가 아니다. 2007년부터 축구
를 취재하며 스스로에게 했던 말이다. 축구 자체보다도 축구가 사
회 안에서 갖는 의미에 관심이 많았기 때문이다. 연변 축구는 그
런 모습을 보여 주는 완벽한 예다. 박태하 감독이 이끄는 연변을
취재하면서 사회는 물론 역사까지 볼 수 있었던 것은 행운이다.
필자가 누린 행운의 기억을 더 많은 사람들과 공유하고 싶어 기록
으로 남겼다. 쓰고 보니 후회스러운 부분도 없지 않지만, 이것은
끝이 아니고 시작이기에 만회할 수 있다고 생각한다.

이 책은 우연(의 옷을 입은 필연일 수도)과 빚의 결정체다. 나쁘지
않은 관계였던 박태하 감독이 연변에 가서 무패 신화를 만들고 있
을 때 전화를 했던 게 출발점이다. 마음의 빚을 조금이라도 갚고
싶어서 연변으로 날아가 그 기적의 일부분을 봤다. 박태하 감독이

초심을 잃지 않으려 노력하는 것과 연변 축구와 연변 사회를 마음
으로 품으려는 것을 보면서 정말 많은 것을 느꼈다. 그 모습을 가
까이서 볼 수 있게 허락해준 것에도 감사하고 싶다. 언제나 막히
는 게 있으면 풀어줬던 김혁중 분석관에게도 고맙다고 말하고 싶
다. 대전에서 처음 만나 어려울 때마다 길을 잡아 주고, 좋은 사진
까지 제공해준 김룡 선배에게도 고개를 숙인다. 김룡 선배야말로
연변의 산 증인이다.

2016년 2월 일본 가고시마에서 도쿄대학 석사 과정(현재 박
사 과정)을 밟고 있던 홍용일 씨를 만나면서 일이 커졌다. 당시 함
께 만났던 마홍철 재일 조선족 축구 협회 회장과 손성룡 형은 뒤
에 다시 따로 언급해야 할 정도로 큰 인연으로 남았다. 용일 씨 소
개로 2016년 5월 연길에서 만난 '버들버들(홍용일, 오수란, 김호, 윤
진호, 박천일, 모동필, 리명권, 리진광, 석룡)' 친구들에게는 여전히 폐
를 끼치고 있다. 위챗 '풋볼리스트' 계정을 만들고 운영하느라 지
금까지 애를 쓰는 분도 있고, 박태하 감독을 잊지 않기 위해 '작은
박태하'를 만들 때 흔쾌히 도와준 친구들도 있다.

책을 쓰겠다는 의지만 가지고 있을 때, 선전에 사는 리원철 형
이 갑자기 보내준 후원금을 받고 깜짝 놀랐다. 한 번밖에 보지 못
한 필자에게 "고향을 위하는 길"이라며 선뜻 돈을 보내줬다. 그
후원금으로 출장을 갈 수 있었다. 그 마음에 감사하고, 그 믿음에

보답하고 싶다.

일본에서 소위 식품을 운영하고 있는 손성룡 형은 흔쾌히 손을 내밀어 줬다. 성룡 형은 빈약한 기획서를 들고 온 필자를 "일단 마음 놓고 마시자."라며 품어 줬다. 일을 시작하면서 "이게 끝이 아니고 시작이라고 생각해 달라."라는 당부도 잊지 않았다. 이책은 성룡 형이 내민 손이 아니었다면 나오지 못했을 것이다. 마홍철 재일 조선족 축구 협회 회장도 물심양면으로 도움을 줬다. 2019년 8월에 열리는 일본 조선족 운동회에 책을 들고 오라며 초대해주기도 했다.

연변 중앙TV 최국권 아나운서도 빼놓을 수 없다. 국권 형 덕분에 연변을 좀 더 집처럼 느낄 수 있었다. 책을 내기 위해 노력할 때 자신의 귀한 휴가를 쓰며 홍콩과 한국을 오간 것은 잊을 수 없다. 형과 함께 마신 술의 양도 절대로 잊지 못할 것이다. 상하이에 있는 김수연 작가와 글밤 식구들에게도 고맙다. 수연 작가는 글만 보고 생면부지인 필자를 상하이로 초대해 줬고, 강연까지 할 수 있는 기회를 줬다. 글밤 식구들이 준 따뜻한 마음은 여전히 온기로 남아 있다.

빚진 이가 너무 많아 다 이름을 쓰지 못해 다시 한 번 송구하다. '배육문 췬(방)'에 있는 식구들과 일본에서 만난 형제들도 도움을 많이 줬다. 처음 보는 한국 기자에게 친절을 베풀었던 동포들에게도 감사 인사를 하고 싶다. 책 내용만 듣고 출판을 약속한 홍정우 브레인스토어 대표와 좋은 책을 위해 노력해준 양은지 편집자에게도 감사하다.

2007년 처음으로 동포 사회를 보여 준 신무광 선배에게도 빚이 있다. 신 선배 덕분에 재일 동포 사회를 조금이나마 알 수 있었고, 이후에 연변에서 재중 동포 사회를 이해할 수 있는 자양분을 얻었다. 선배가 쓴 명저《조국, 모국 그리고 풋볼》을 보고 비슷한 책을 쓰고 싶다는 생각을 해왔다. 후배 하종기와 오승호 군에게도 도움을 많이 받았다. 글이 막힐 때마다 좋은 정보를 주신 이종성 한양대학교 교수에게도 빚진 게 많다.

연변행을 허락해준 서형욱 풋볼리스트 대표와 풋볼리스트 동료들에게 감사하다. 동료들이 이해해주지 않았다면 이 책은 없었을 것이다.

마지막으로 4년 동안 연변과 연변이 있는 세계 모처로 나다니는 남편을 이해해준 아내 강보미와 아들 인하에게는 사랑한다는 말을 남기고 싶다. 두 사람에게 부끄럽지 않은 기록을 남기기 위해 노력했다.

박태하와 연변축구
4년의 기적

초판 1쇄 펴낸 날 | 2019년 7월 12일

지은이 | 류청
펴낸이 | 홍정우
펴낸곳 | 브레인스토어

책임편집 | 이상은
편집진행 | 양은지
디자인 | 이유정
마케팅 | 이수정

주소 | (04035) 서울특별시 마포구 양화로7안길 31(서교동, 1층)
전화 | (02)3275-2915~7
팩스 | (02)3275-2918
이메일 | brainstore@chol.com
블로그 | https://blog.naver.com/brain_store
페이스북 | https://www.facebook.com/brainstorebooks

등록 | 2007년 11월 30일(제313-2007-000238호)

© 브레인스토어, 류청, 2019
ISBN 979-11-88073-37-5(03300)

이 도서의 국립중앙도서관 출판예정도서목록(CIP)은 서지정보유통지원시스템 홈페이지 (http://seoji.nl.go.kr)와 국가자료종합목록 구축시스템(http://kolis-net.nl.go.kr)에서 이용하실 수 있습니다. (CIP제어번호 : CIP2019025194)